U0133451

闻一多讲

中国

神话

闻一多

著

吉林人民出版社

图书在版编目（CIP）数据

闻一多讲中国神话 / 闻一多著 . –– 长春：吉林人民出版社，2023.3

ISBN 978-7-206-19809-0

Ⅰ . ①闻… Ⅱ . ①闻… Ⅲ . ①神话 – 研究 – 中国 Ⅳ . ① B932.2

中国国家版本馆 CIP 数据核字（2023）第 011899 号

出 品 人：常　宏
选题策划：韩志国　领读文化
责任编辑：张文君
助理编辑：赵　彻
装帧设计：有品堂　刘　俊

闻一多讲中国神话
WEN YIDUO JIANG ZHONGGUO SHENHUA

著　　者: 闻一多
出版发行: 吉林人民出版社（长春市人民大街 7548 号　邮政编码: 130022）
咨询电话: 0431-85378007
印　　刷: 北京金特印刷有限责任公司
开　　本: 787 mm × 1092 mm　　1/32
印　　张: 9.75　　　　　字　　数: 150 千字
标准书号: ISBN 978-7-206-19809-0
版　　次: 2023 年 3 月第 1 版　　印　　次: 2023 年 3 月第 1 次印刷
定　　价: 66.00 元

目录

第一章　伏羲考

一、引　论

　　伏羲与女娲的名字，都是战国时才开始出现于记载中的。伏羲见于《易·系辞下传》《管子·封禅篇》《轻重戊篇》《庄子·人间世篇》《大宗师篇》《胠箧篇》《缮性篇》《田子方篇》《尸子·君治篇》《荀子·成相篇》《楚辞·大招》《战国策·赵策二》。女娲见于《楚辞·天问》《礼记·明堂位篇》《山海经·大荒西经》，但后二者只能算作汉代的典籍，虽则其中容有先秦的材料。二名并称者则始见于《淮南子·览冥篇》也是汉代的书。关于二人的亲属关系有种种说法。最无理由，然而截至最近以前最为学者们乐于拥护的一说，便是兄弟说。《世本·姓氏篇》曰：

> 女氏：天皇封弟瑲于汝水之阳，后为天子，因称
> 女皇。

此说之出于学者们的有意歪曲事实，不待证明。罗泌《路史后纪》二和梁玉绳《汉书人表考》中的论调，不啻坦白的供认了他们所以不能不如此歪曲的苦衷，所以关于这一说，我们没有再去根究的必要。此外，较早而又确能代表传说真相的一说，是兄妹说。《路史后纪》二注引《风俗通》曰：

> 女娲，伏希（羲）之妹。

《通志·三皇考》引《春秋世谱》,《广韵》十三佳,《路史·后纪》二，马缟《中华古今注》等说同。次之是夫妇说。《唐书·乐志》载张说唐《享太庙乐章·钧天舞》曰：

> 合位娲后，同称伏羲。

据《乐志》,《钧天舞》是高宗时所用的乐章。这里以伏羲、女娲比高宗武后,正表示他们二人的夫妇关系。稍后卢仝《与马异结交诗》说得更明显:

> 女娲本是伏羲妇。

此后同类的记载有宋人伪撰的《三坟书》,元杜道坚《玄经原旨发挥》,和一些通俗小说之类。夫妇说见于记载最晚,因此在学者心目中也最可怀疑。直至近世,一些画像被发现与研究后,这说才稍得确定。这些图像均作人首蛇身的男女二人两尾相交之状,据清代及近代中外诸考古学者的考证,确即伏羲、女娲,两尾相交正是夫妇的象征。但是,依文明社会的伦理观念,既是夫妇,就不能是兄妹,而且文献中关于二人的记载,说他们是夫妇的,也从未同时说是兄妹,所以二人究竟是兄妹,或是夫妇,在旧式学者的观念里,还是一个可以争辩的问题。直至最近,人类学报告了一个惊人的消息,说在许多边疆和邻近民族的传说中,伏羲、女娲原是以兄妹为夫妇的一对人类的始祖,于是上

面所谓可以争辩的问题，才因根本失却争辩价值而告解决了。总之，"兄妹配偶"是伏羲、女娲传说的最基本的轮廓，而这轮廓在文献中早被拆毁，它的复原是靠新兴的考古学，尤其是人类学的努力才得完成的。现在将这两方面关于这题目的贡献略加介绍如下：

关于伏羲、女娲，考古学曾发现过些石刻和绢画两类的图像。属于石刻类者有五种：

武梁祠石室画像第一石第二层第一图（参观附图）

同上左右室第四石各图（参观附图）

东汉石刻画像（参观附图）

山东鱼台西塞里伏羲陵前石刻画像

兰山古墓石柱刻像（以上二种均马邦玉《汉碑录文》所述）

属于绢画类者有两种：

隋高昌故址阿斯塔那（Astana）墓室彩色绢画（史坦因得）（参观附图）

吐鲁番古冢出土彩色绢画（黄文弼得）

中以武梁祠画像尤其著名，诸家考释亦皆以此为根据。

其中讨论得比较详细的，计有瞿中溶《武梁祠堂画像考》，马邦玉《汉碑录文》，容庚《武梁祠画像考释》。"伏羲、仓精"之语，既明见于画像的题识，则二人中之一人为伏羲，自不成问题，因而诸家考释的重心大都皆在证明其另一人为女娲。他们所用的证据，最主要的是诸书所屡见提到的伏羲、女娲人首龙身（或蛇身）之说，与画像正合。总之，考古家对本题的贡献，是由确定图中另一人为伏羲的配偶女娲，因而证实了二人的夫妇关系。

图1　东汉武梁祠石室画像之二（仿《东洋文史大系》第137页插图）

图2 东汉武梁祠石室画像之一（仿钱唐黄氏摹刻唐拓本。原图左柱有隶书"伏戏仓精初造王业画卦结绳以理海内"16字，此未摹出）

图3 东汉石刻（仿同上《东洋文史大系》第171页插图）

图4 重庆沙坪坝石棺前额画像（仿常任侠《沙坪坝出土之石棺画像研究》插图。《时事新报》渝版《学灯》第四十一期）

图5 隋高昌故址阿斯塔那（Astana）墓室彩色绢画（仿史因坦〔Aurei Stein〕《亚洲腹地考古记》〔Inner most Asia〕图 Cix）

图6 《洞神八帝妙精经》画像。左为后天皇君,人面蛇身,姓风,名庖羲,号太昊。右为后地皇君,人面蛇身,姓云,名女娲,号女皇。(仿《道藏洞神部洞神八帝妙精经》插图)

图7 新郑出土罍腹上部花纹(仿《新郑彝器》第88页)

图8 铎舞花纹(仿叶慈〔W. Perceval Yetts〕《卡尔中国铜器》〔The Cull Chinese Bronzes〕图21)

图9 同上环鼻（仿《郑冢古器图考》卷五，页二十，第二十四图）　图10 兵古器花纹（仿《邺中片羽》卷下，第4页）

人类学可供给我们的材料，似乎是无限度的。我并不曾有计划的收集这些材料。目前我所有的材料仅仅是两篇可说偶尔闯进我视线来的文章。

1.芮逸夫《苗族的洪水故事与伏羲女娲的传说》（中央研究院历史语言研究所《人类学集刊》第一卷第一期）

2.常任侠《沙坪坝出土之石棺画像研究》（《时事新报》

渝版《学灯》第四十一、四十二期，又《说文月刊》第一卷第十、十一期合刊）

前者搜罗材料，范围甚广。记录着芮氏自己所采集和转引中外书籍里的洪水故事，凡二十余则，是研究伏羲、女娲必不可少的材料。后者论材料的数量，虽远非前者之比，论其性质，却也相当重要。所载瑶族洪水故事，和汉译苗文《盘王歌》一部分，也极有用。现在合并二文所记，依地理分布，由近而远，列号标目如下：

1. 湘西凤凰苗人吴文祥述洪水故事（芮文——《人类学集刊》一卷一期156—158页）

2. 湘西凤凰苗人吴佐良述洪水故事（同上158—160页）

3. 湘西凤凰苗人《傩公傩母歌》（同上160—161页）

4. 湘西乾城苗人《傩神起源歌》（同上161—163页）

5. 葛维汉（D. C. Graham）述川南苗人洪水故事（同上174页）

6. 贵州贵阳南部鸦雀苗洪水故事（同上174页引克拉克〔Samuel R. Clarke〕《中国西南夷地旅居记》〔Among the Tribes in Southwest China〕pp. 54—55）

7. 贵州安顺青苗故事（同上169—170页引鸟居龙藏《苗族调查报告》——国立编译馆译本49页）

8. 同上又一故事（同上170页引前书48页）

9. 苗人洪水故事（同上170—171页引萨费那〔F. M. Savina〕《苗族史》〔Histoire des Miao〕pp. 245—246）

10. 黑苗《洪水歌》本事（同上173—174页引克拉克《中国西南夷地旅居记》pp. 43—46）

11. 赫微特（H. J. Hewitt）述花苗洪水故事（同上171—173页引前书 pp. 50—54）

12. 广西融县罗城瑶人洪水故事（常文——《说文月刊》一卷十、十一期合刊714—715页）

13. 广西武宣修仁瑶人洪水故事（同上717页）

14. 汉译苗文《盘王歌书葫芦晓歌》（同上715—716页）

15. 云南倮㑩洪水故事（芮文——《人类学集刊》一卷一期189页引维亚尔〔Paul Vial〕《倮㑩族》〔Les Lolos〕pp. 8—9）

16. 云南耿马大平石头寨栗粟人洪水故事（同上189页）

17. 云南耿马蚌隆寨老亢人洪水故事（同上189页）

18. 拉崇几哀（Lunnet de Lajonguiere）记法领东京蛮族（Man）洪水故事（同上190页引萨维那《苗族史》p. 105）

19. 交趾支那巴那族（Ba-hnars）洪水故事（同上引盖拉希〔Guerlach〕《巴那蛮族的生活与迷信》〔Moeuts et Sperstitions de Souvages Ba-hnars, Les Mission Catholigue xix p.479）

20. 印度中部比尔族（Bhils）洪水故事（同上190页引鲁阿特〔C. E. Luard〕《马尔瓦森林部族》〔The Jungles Tribes of Malwa] p.17）

21. 印度中部坎马尔族（Kammars）洪水故事（同上190—191页引罗塞尔〔R.V. Russell〕《印度中部的土族与社会阶级》〔Tribes and Casts of the Central Provinces of India〕iii pp. 326—327）

22. 北婆罗洲配甘族（Pagans）洪水故事（同上190页引勃特〔Owen Butter〕《北婆罗洲的配甘族》〔The Pagans of the North Borneo] pp. 248—249）

23. 同上又一故事（同上190页引前书同页）

24. 海南岛加钗峒黎人洪水故事（同上189页引刘咸《海

南岛黎人文身之研究》——《民族学研究集刊》一期201页）

25. 台湾岛阿眉族（Ami）三洪水故事（同上189—190页引石井信次〔Shinji Ishii〕《台湾岛及其原始住民》p. 13）

以上这些故事，记载得虽有详有略，但其中心母题总是洪水来时，只兄妹（或姊弟）二人得救，后结为夫妇，遂为人类的始祖。3，12，兄名皆作伏羲，13作伏儀，也即伏羲。18兄名 Phu-Hay，妹名 Phu-Hay-Mui，显即伏羲与伏羲妹的译音。6兄名 Bu-i，据调查人克拉克氏说，用汉语则曰 Fu-hsi，也是伏羲的译音。同故事中的妹曰 Kueh，芮氏以为即娲的对音，那也是可信的。除上述兄妹的名字与伏羲、女娲的名字相合外，芮氏又指出了故事中（一）创造人类与（二）洪水二点，也与文献中的伏羲、女娲传说相合。这来故事中的兄妹即汉籍中的伏羲女娲，便可完全肯定了。但人类学对这问题的贡献，不仅是因那些故事的发现，而使文献中有关二人的传说得了印证，最要紧的还是以前七零八落的传说或传说的痕迹，现在可以连贯成一个完整的有机体了。从前是兄妹，是夫妇，是人类的创造，是洪水等等隔离的，有时还是矛盾的个别事件，现在则是一个整个兄妹配偶兼洪水遗民型的人类推源故事。从传统观念看来，这件事太新奇，太有趣了。

以上所介绍的芮、常二文，芮文以洪水遗民故事为重心，而旁及于人首蛇身画像，常文则以人首蛇身画像为主题，而附论及洪水遗民故事。前者的立场是人类学的，后者是考古学的。而前者论列的尤其精细，创见亦较多。本文的材料既多数根据于二文，则在性质上亦可视为二文的继续。不过作者于神话有癖好，而对于广义的语言学（Philology）与历史兴味也浓，故本文若有立场，其立场显与二家不同。就这观点说，则本文又可视为对二文的一种补充。总之，二君都是我的先导，这是我应该声明的。

二、从人首蛇身像谈到龙与图腾

1. 人首蛇身神

人首蛇身像实有两种。一种是单人像，可用上名。一种是双人像，可称为人首蛇身交尾像。后者在我们研究的范围里尤其重要。目前我们所知道的交尾像计有七件，如前所列。今就画像的质地分为二类，一是石刻类，二是绢画类。画像中的人物即伏羲、女娲夫妇二人，早有定论。但那人首蛇身式的超自然的形体，究竟代表着一种什么意义？它的起源与流变又如何？这些似乎从未被探讨过的问题，正是本文所要试求解答的。

文献中关于伏羲、女娲蛇身的明文记载，至早不能超过东汉。

王逸《楚辞·天问》注："女娲人头蛇身。"

王延寿《鲁灵光殿赋》："伏羲鳞身，女娲蛇躯。"

曹植《女娲画赞》："或云二皇，人首蛇形。"

《伪列子·黄帝篇》："庖牺氏，女娲氏……蛇身人面。"

《帝王世纪》："庖牺氏……蛇身人首"，"女娲氏……亦蛇身人首"。(《类聚》二引)

《拾遗记》："又见一神，蛇身人面……示禹八卦之图，列于金版之上。……蛇身之神，即羲皇也。"

《玄中记》："伏羲龙身，女娲蛇躯。"(《文选·鲁灵光殿赋》注引)

不过《鲁灵光殿赋》虽是东汉的作品，所描写的则确乎是西汉的遗物。

灵光殿是鲁恭王余（前154—前127）的建筑物。赋中所描写的是殿内类似武梁祠刻石的壁画。从恭王余到王延寿约三百年间，殿宇可以几经修葺，壁外层的彩色可以几经刷新，但那基本部分的石刻是不会有变动的。人首蛇身的伏羲、女娲像，在西汉初期既已成为建筑装饰的题材，则其传说渊源之古，可想而知。有了这种保证，我们不妨再向稍早的文献中探探它的消息。

《山海经·海内经》曰：

> 南方……有人曰苗民。有神焉，人首蛇身，长如辕，左右有首，衣紫衣，冠旃冠，名曰延维。人主得而飨之，伯天下。

郭璞《注》说延维即《庄子》所谓委蛇，是对的。委蛇的故事见于《庄子·达生篇》：

桓公田于泽，管仲御，见鬼焉。公抚管仲之手曰："仲父何见？"对曰："臣无所见。"公反，诶诒为病，数日不出。

齐士有皇子告敖者曰："公则自伤，鬼则恶能伤公？……"

桓公曰："然则有鬼乎？"曰："有。沈（湛，释文，水污泥也）有履，灶有髻。户内之烦壤，雷霆处之。东北方之下者，倍阿鲑蛮跃之。西北方之下者，则泆阳处之。水有罔象，丘有莘，山有夔，野有彷徨，泽有委蛇。"公曰："请问委蛇之状何如？"皇子曰："委蛇，其大如毂，其长如辕，紫衣而朱冠。其为物也恶雷[1]，闻雷车之声，则捧其首而立。见之者殆乎霸。"桓公辗然而笑曰："此寡人之所见者也。"于是正衣冠与之坐，不终日而不知病之去。

关于"左右有首"，也许需要一点解释。《山海经》等书里凡讲到左右有首，或前后有首，或一身二首的生物时，实有雌雄交配状态之误解或曲解。（正看为前后有首，侧看为左右有首，混言之则为一身二首。详下。）综合以上《山海经》和《庄子》二记载，就神的形貌说，那人首蛇身，左右有首，和紫衣斻冠三点，可说完全与画像所表现的相合。然而我们相信延维或委蛇，即伏羲、女娲，其理尚不只此。（一）相传伏羲本是"为百王先首"的帝王，故飨之或见之者可以霸天下。（二）上揭洪水故事1，2，3，4，12，13，18，都以雷神为代表恶势力的魔王，他与兄妹的父亲（即老伏羲）结了仇怨，时时企图着伤害老伏羲，最后竟发动洪水，几乎将全人类灭绝。这来，伏羲怕雷不是很自然的么？所以在《庄子》里，委蛇"闻雷车之声，则捧其首而立"，是不为无因的。最后，也最重要的，是（三）那以伏羲、女娲为中心的洪水遗民故事，本在苗族中流传最盛，因此芮氏疑心它即起源于该族。依芮氏的意想，伏羲、女娲本当是苗族的祖神。现在我既考定了所谓"延维"或"委蛇"者即伏羲、女娲，而《山海经》却明说他们是南方苗民之神。这与芮氏的推测，不完全相合了吗？

《海内经》据说是《山海经》里最晚出的一部分，甚至有晚到东汉的嫌疑。但传说同时又见于《庄子·达生篇》。

属于《庄子·外篇》的《达生篇》，想来再晚也不能晚过西汉，早则自然可以到战国末年。总观上揭所有的人首蛇身神的图像与文字记载，考其年代，大致上起战国末叶，下至魏晋之间。这是一个极有趣的现象，因为那也正是古帝王的伏羲、女娲传说在史乘中最活跃的时期。最初提到伏羲或伏羲氏的典籍是《易经》(《系辞下传》)，《管子》(《封禅篇》《轻重戊篇》)，《庄子》(《人间世篇》《大宗师篇》《胠箧篇》《缮性篇》《田子方篇》)，《尸子》(《君治篇》，又《北堂书钞》一五三引佚文)，《荀子》(《成相篇》)，《楚辞》(《大招》)，《战国策》(《赵策》二)。女娲则始见于《楚辞》(《天问》)和《礼记》(《明堂位篇》)、《山海经》(《大荒西经》)。二人名字并见的例，则始于《淮南子》(《览冥篇》)。他们在同书里又被称为二神(《精神篇》)，或二皇(《原道篇》《缪称篇》)。不久，在纬书中(《尚书中候》《春秋元命苞》及《运斗枢》)，我们便开始看见他们被列为三皇中之首二皇。大概从西汉末到东汉末是伏羲、女娲在史乘上最煊赫的时期。到三国时徐整的《三五历记》，盘古传说开始出现，伏羲的地位便开始低落了。所以我们拟定魏晋之间为这个传说终传说终止活跃的年代。史乘上伏羲、女娲传说最活跃的时期，也就是人首蛇身神的画像与记载出现的时期，这现象也暗示着人首蛇身神即伏羲、女娲的极大可能性。

因左右有首的人首蛇身神而产生的二首人的传说，也是在这个时期中发现的。

> 睽孤，见豕负涂，厥妖人生两头。（京房《易传》）
>
> 平帝元始元年……六月，长安女子生儿，两头异颈，面相乡，四臂共匈，俱前乡。……（《汉书·五行志》下之上）
>
> 蒙双民。昔高阳氏有产而为夫妇，帝放之此野，相抱而死。神鸟以不死草覆之，七年男女皆活，同颈二头四手。是为蒙双民。（《博物志》二）

最后一故事说"同产而为夫妇"，与伏羲、女娲以兄妹为夫妇尤其类似。看来，不但人首蛇身像的流传很早，连兄妹配偶型的洪水故事，在汉族中恐怕也早就有了。

2. 二龙传说

揣想起来，在半人半兽型的人首蛇身神以前，必有一个全兽型的蛇神的阶段。《郑语》载史伯引《训语》说：

> 夏之衰也，褒人之神化为二龙，以同于王庭，而言曰："余，褒之二君也。"夏后卜杀之，与去之，与止之，莫吉。卜请其漦而藏之，吉。乃布币焉，而策告之。龙亡而漦在，椟而藏之，传郊之，殷周莫之发也。及厉王之末，发而观之，漦流于庭，不可除也。王使妇人不帏而谋之，化为玄鼋。

"同"即交合之谓。《海内经》："伯陵同吴权之妻阿女缘妇。"郭注曰"同犹通淫之也"，《急就篇》亦有"沐浴揃搣寡合同"之语。"二龙同于王庭"使我们联想起那"左右有首"的人首蛇身交尾像。

"二君"韦注曰"二先君"，《史记·周本纪》集解引虞翻曰："龙自号褒之二先君也。"由二龙为"同于王庭"的雌雄二龙推之，所谓"二君"自然是夫妇二人。夫妇二人有着共同为人"先君"的资格，并且是龙的化身，这太像伏羲、女娲了。伏羲本一作包羲，包褒同音，说不定伏羲氏与褒国果然有着极其密切的关系。至少我们以这二龙之神，与那人首蛇身的二神，来代表一种传说在演变过程上的前后二阶段，是毫不牵强的。

在现存的文献中，像《郑语》所载的那样完整的故事，那样完好的保存着二龙传说的原型，不用说，是不易找到第二个的。不过关于这传说的零星的"一鳞半爪"，只要我们肯留心，却几乎到处都是。现在我们略举数例如下：

（一）交龙

交龙为旂。(《周礼·司常》)

昔黄帝驾象车，交龙毕方并辖。(《风俗通·声音篇》)

锦有大交龙，小交龙。(《邺中记》)

什么是交龙？郑玄注《周礼·司常》"诸侯建旂"曰："诸侯画交龙，一象其升朝，一象其下复也"。"升朝""下复"的解释很可笑，但注文的意思，以为交龙是两龙相交，一首向上，一首向下，却不错。他注《觐礼记》"天子载大旂，象日月，升龙降龙"曰："大旂，大常也。王建大常，缯首画日月，其下及旒交画升龙降龙。"所谓"交画升龙降龙"正是两龙相交，一首向上，一首向下之状。《释名·释兵》曰："交龙为旂。旂，倚也，画作两龙相依倚。"刘熙的解释与郑玄略异，但以交龙为两条龙，则与郑同。

所谓交龙者既是二龙相交的图像，而绘着这种图像的旂又是天子诸侯的标识，则交龙与那"同于王庭"的褒之二龙是同一性质的东西，可无疑问了。《汉书·高帝纪》上说：

母刘媪，尝息大泽之陂，梦与神遇。是时雷电晦冥。父太公往视，则见交[2]龙于上。已而有娠，遂产高祖。

这交龙也是指相交的雌雄二龙——雄龙神，雌龙刘媪。[3]代表神与刘媪的二龙，与代表褒之二君的二龙，仍然是同一性质的东西。我们在上文已经指出伏羲、女娲与褒之二君的类似处，再看《路史后纪》一注引《宝椟记》：

> 帝女游于华胥之渊，感虵而孕，十三年生庖牺。

这和"赤龙感女媪"（《太平御览》八七引《诗含神雾》）而生刘邦的故事，又何其相似！

（二）螣蛇 古书有所谓"螣蛇"者，或作"腾蛇"。

> 飞龙乘云，腾蛇游雾。（《韩非子·难势篇》引《慎子》）
>
> 螣蛇无足而飞。（《荀子·劝学篇》）
>
> 螣蛇伏地，凤皇覆上。（《韩非子·十过篇》）
>
> 腾蛇游雾而殆于蝍蛆。（《淮南子·说林篇》）
>
> 腾蛇游于雾露，乘于风雨而行，非千里不止。（《说苑·杂言篇》）

许慎说螣是一种神蛇，郭璞说它是龙类。看它"能兴云雾而游其中"（《尔雅》郭《注》），又有鳞甲（《后汉书》注引《尔雅》旧注），说它是属于龙类的一种神蛇，是可信的。《汉书·天文志》"权，轩辕，黄龙体"，注引孟康曰"形如腾龙"。如果这所谓腾龙即腾蛇，则螣蛇之为龙类，更无问题了。但螣字的含义，似乎从未被说明过。我们则以为螣蛇之"螣"与交龙之"交"的意义一样。"螣"从"朕"声。"朕"声字多有"二"义，最明显的如"螣"（从朕省声）训双（《方言》二），"腾"训二（《广雅·释诂》四），"媵"训儋两头有物（《方言》七郭《注》），皆是。引申起来，物相增加则谓之"賸"（《说文》），牝牡相交谓之"螣"。相交与相加之义极近。《月令》："乃合累牛腾马，游牝于牧。"郑《注》曰："累腾皆乘匹之名。""乘匹"即《周礼·牧师》"仲春通淫"及《校人》"春执驹"之谓，故郑注《校人》曰："春通淫之时，驹弱，为其乘匹伤之也。"螣蛇之"螣"本一作"腾"，"螣蛇"的本义应是"乘匹之蛇"。《淮南子·泰族篇》曰：

腾蛇雄鸣于上风，雌鸣于下风，而化成形，精之至也。

刘勰《新论·类感》篇作"螣"。[4]"雄鸣于上风，雌鸣于下风，而化成形"，正是由二蛇相交的观念演化出来的一种传说。螣蛇又名奔蛇，见《淮南子·览冥篇》高《注》，及《尔雅·释鱼》郭注。"奔"亦有乘匹之义。《鄘风·鹑之奔奔篇》："鹑之奔奔，鹊之彊彊。"《释文》引《韩诗》曰："奔奔彊彊，乘匹之貌。"《左传·襄二十七年》，伯有赋《鹑之贲贲》，赵孟斥之为"床第之言"，可作韩义的佳证。螣蛇又名奔蛇，而"螣"（腾）"奔"皆训乘匹，可见"螣蛇"的本义确与上文所解说的交龙一样。并且"螣"之言"縢"也，"交"之言"绞"也。若舍用而言体，则螣蛇亦可谓之縢蛇，交龙亦可谓之绞龙。"縢""缠"一声之转，《杂记》疏曰："〔绳〕两股相交谓之绞。""缠"与"绞"同义，正如"螣"（腾）与"交"同义一样。又《方言》五"樘，其横关西楬"，郭注曰："亦名校。"钱绎《笺疏》曰："栜（梜）亦名校者，犹机持会者谓之交也。《说文》：'楢，机持会者。'又鲁季敬姜说织曰：'持交而不失，出入不绝者梱也。'持交即持会也。"媵蛇一名交龙，与梜一名校，又属同例。校既是取义于"交会"，则梜之取义于"滕缠"可知。交龙与媵蛇之名，即取交合与滕缠之义，也同校与梜之取义于交会与滕缠一样。总之"媵蛇"与"交龙"，不拘就哪种观点说，都是同义语。交龙和那"同于王庭"的褒之二龙，是同一性质的东西，我们在上文已经讲过。如今又证明了媵蛇与交龙为同义语，则媵蛇与褒之二龙的关系可以不言而喻了。

（三）两头蛇　两头蛇又有种种异名。现在将传说中凡具有这种异状的蛇，都归为一类。

中央有枳首蛇焉。(《尔雅·释地》)

楚相孙叔敖为儿之时，见两头虵，杀而埋之。(《论衡·福虚》篇)

今江东呼两头蛇为越王约发。(《尔雅·释地》郭璞《注》)

蚕蚕在其（君子国）北，各有两首。（《海外东经》）

　　魍（魖）二首。（《颜氏家训·勉学》篇引《庄子》佚文）

　　方皇状如蛇，两头，五采文。（《庄子·达生篇》司马彪《注》）

谓之"两头"者，无论是左右两头，或前后两头，不用讲，都是两蛇交尾状态的误解或曲解。这可以由参考关于两头鸟和两头兽的几种记载而得到证明。（1）鸟名鹃者两首四足，牛状的天神八足二首，均见《西山经》。神鹿一身八足两头，见《楚辞·天问》王注。鸟有两头，同时也有四足，可见原是两鸟。兽有两头，同时也有八足，可见原是两兽。（2）《公羊传·宣五年》杨《疏》引旧说曰："双双之鸟，一身二首，尾有雌雄，常不离散。"既雌雄备具，又常不离散，其为两鸟交配之状，尤为明显。（3）两头鼍名曰并封（《海外西经》），一作屏蓬（《大荒西经》）。一种名蛟虫的二首神所居的山，名曰"平逢之山"（《中山经》）。"并封""屏蓬""平逢"等名的本字当作"并逢"。"并"与"逢"都有合义。兽牝牡相合名曰"并逢"，犹如人男女私合曰"姘"（《苍颉篇》）。《周颂·小毖》"予其惩而毖后患，莫予荓蜂"，《毛传》曰："荓蜂，摩曳也。"荓蜂字一作甹夆。《尔雅·释训》"甹夆，掣曳也"，郭《注》曰："谓牵挽。"荓蜂（甹夆）亦即并逢。交合与牵挽，只是一种行为中向心与离心两种动作罢了。盛弘之《荆州记》描写武陵郡西的两头鹿为"前后有头，常以一头食，一头行"，正是"并逢"所含的"掣曳牵挽"之意的具体说明。（4）《西山经》"其鸟多鸓……赤黑而两首四足"，"鸓"当与《月令》"累牛腾马"之"累"通，郑《注》训为"乘匹之名"。"乘匹"的解释，已详上文。"累""腾"同义，而"累"与"鸓"，"腾"与"螣"字并通，然则乘匹之鸟谓之鸓，亦犹乘匹之蛇谓之螣。以上我们由分析几种两头鸟和两头兽的名称与形状，判定了那些都是关于鸟兽的性的行为的一种歪曲记录。

两头蛇可以由此类推。我们又注意到鸓鸟与螣蛇的命名完全同义。若许由这一点再推论下去，两头鸟既名曰鸓鸟，则所谓两头蛇者莫非就是螣蛇吧！这不是不可能的，如果我们明了由交龙到螣蛇，由螣蛇到两头蛇，是传说演变过程中三个必然的步骤。

在"交龙"一词中，其龙之必为雌雄二龙，是显而易见的。"螣蛇"则不然。若非上揭《淮南子》"雄鸣于上风，雌鸣于下风"那两句话，这蛇之为雌雄二蛇，便毫无具体的对证。然而在这里，"二蛇"的涵义，毕竟只是被隐瞒了，充其量，也只是对那一层消极的保持缄默。说到"两头蛇"，那便居然积极的肯定了只有一条蛇。三种名称正代表着去神话的真相愈来愈远的三种观念。然而即在讹变最甚的两头蛇传说中，有时也不免透露一点最真实的、最正确的消息。江东呼两头蛇为"越王约发"。"约发"虽不甚可解，"越王"二字所显示的身份，不与那身为"褒之二君"的二龙相埒吗？孙叔敖杀死两头蛇的故事，经过较缜密的分析，也可透露同类的消息。不过这问题太复杂，这里无法讨论。

（四）一般的二龙　古书讲到龙的故事，往往说是二龙。

　　帝赐之（孔甲）乘龙，河汉各二，各有雌雄。(《左传·昭二十九年》)

今王（魏安釐王）四年，碧阳君之诸御产二龙。（《开元占经·人及鬼神占篇》引《纪年》）

秦犯夷，输黄龙一双。（《后汉书·南蛮传》载秦昭王与板楯蛮夷盟）

惠帝二年正月癸酉旦，有两龙见于兰陵廷东里温陵井中。（《汉书·五行志》下之上）

孔子生之夜，有二苍龙自天而下。（《伏侯古今注》）

（甘露）四年春正月，黄龙二见宁陵县界井中。（《魏志·高贵乡公传》）

孙楚上书曰"顷闻武库井中有二龙"。（《开元占经·龙鱼虫蛇占篇》引《晋阳秋》）

谢晦家室□宅南路上有古井，以元嘉二年，汲者忽见二龙，甚分明。（同上引《异苑》）

神人乘驾二龙，尤其数见不鲜。

驾两龙兮骖螭。（《九歌·河伯》）

禹平天下，二龙降之，禹御龙行域外[5]，既周而

031

还。（敦煌旧抄《瑞应图》残卷引《括地图》）

大乐之野，夏后启于此儛九代，乘两龙。（《海外西经》）

南方祝融，兽身人面，乘两龙。（《海外南经》）

西方蓐收，左耳有蛇，乘两龙。（《海外西经》）

北方禺彊，人面鸟身，黑身手足，乘两龙。[6]（《海外北经》）

东方句芒，马身人面，乘两龙。（《海外东经》）

在传说里，五灵中凤麟虎龟等四灵，差不多从不听见成双的出现过，惟独龙则不然。除非承认这里有着某种悠久的神话背景，这现象恐怕是难以解释的，与这等情形相似的，是古器物上那些双龙（或蛇）相交型的平面的花纹或立体的附加部分，如提梁、耳环、纽、足等[7]。这些或为写实式的图像，或为"便化"的几何式图案，其渊源于某种神话的"母题"，也是相当明显的。上揭《邺中记》"锦有大交龙，小交龙"，本指锦的图案而言，所以也可归入这一类。以上这些见于文字记载和造型艺术的二龙，在应用的实际意义上，诚然多半已与原始的二龙神话失去联系，但其应用范围之普遍与夫时间之长久，则适足以反映那神话在我们文化中所占势力之雄厚。这神话不但是褒之二龙以及散见于古籍中的交龙、螣蛇、两头蛇等传说的共同来源，同时它也是那人首蛇身的二皇——伏羲、女娲，和他们的化身——延维或委蛇的来源。神话本身又是怎样来的呢？我们确信，它是荒古时代的图腾主义（Totemism）的遗迹。

3. 图腾的演变

我们在上文时而说龙，时而又说蛇。龙蛇的关系究竟怎样？它们是一种生物呢，还是两种？读者们心中恐怕早已在为这些问题纳闷。在解答这些问题之前，我们先要问究竟什么是龙？是的，什么是龙，确乎是一个谜。天文房星为龙，又为马。《尚书中候握河纪》说："龙马衔甲……自河而出。"《论衡·龙虚篇》说"世俗画龙之象，马头蛇尾。"可见龙确像马。龙像马，所以马往往被呼为龙。《月令》"驾苍龙"，《尸子·君治篇》"人之言君天下者……骐骥青龙，而尧素车白马"，《吕氏春秋·本味篇》"马之美者，青龙之匹"，《周礼·庾人》"马八尺以上为龙"，皆其例。龙有时又像狗。《后汉书·孔僖传》"画龙不成反类狗"，《列仙传·呼子先传》"有仙人持二茅狗来……子先与酒媪各骑其一，乃龙也"，《博物志》八引《徐偃王志》"有犬名鹄仓，……临死生角而九尾，实黄龙也"，《陈书》"正元元年有黑龙如狗走宣阳门"。龙像狗，所以狗也被呼为龙。《搜神后记》九："会稽句章民张然……在都养一狗，甚快，名曰乌龙。"此外还有一种有鳞的龙像鱼，一种有翼的又像鸟，一种有角的又像鹿。至于与龙最容易相混的各种爬虫类的生物，更不必列举了。然则龙究竟是个什么东西呢？我们的答案是：它是一种图腾（Totem），并且是只存在于图腾中而不存在于生物界中的一种虚拟的生物，因为它是由许多不同的图腾糅合成的一种综合体。因部落的兼并而产生的混合的图腾，古埃及是一个最显著的例。在我们历史上，五方兽中的北方玄武本是龟蛇二兽，也是一个好例。不同的是，这些是几个图腾单位并存着。各单位的个别形态依然未变，而龙则是许多单位经过融化作用，形成了一个新的大单位，其各小单位已经是不复个别的存在罢了。前者可称为混合式的图腾，后者化合式的图腾。部落既总是强的兼并弱的，大的兼并小的，所以在混合式的图腾中总有一种主要的生物或无生物，作为它的基本的中心单位，同样的在化合式的图腾中，也必然是以一种生物或无生物的形态为其主干，而以其他若干生物或无生物的形态为附加部分。龙图腾，不拘它局部的像马也好，像狗也好，或像鱼，像鸟，像鹿都好，它的主干部分和基本形态却是蛇。这表明在当初那众图腾单位林立的时代，内中以蛇图腾为最强大，众图腾的合并与融化，便是这蛇图腾兼并与同化了许多弱小单位的结果。金文龙字（《邵钟》《王孙钟》）和龚字（《颂鼎》《颂毁》《禾毁》《秦公毁》《陈侯因资镈》）的偏旁皆从巳，而巳即蛇[8]，可见龙的基调还是蛇。大概图腾未合并以前，所谓龙者只是一种大蛇。这种蛇的名字便叫作"龙"。后来有一个以这种大蛇为图腾的团族（Klan）兼并了，吸收了许多别的形形色色的图腾团族，大蛇这才接受了兽类的四脚，马的头、鬣的尾、鹿的角、狗的爪、鱼的鳞和须……于是便成为我们现在所知道的龙了。这样看来，龙与蛇实在可分而又不可分。说是一种东西，它们的形状看来相差很远，说是两种，龙的基调还是蛇。并且既称之为龙，就已经承认了它是蛇类，因为上文已经说过，"龙"在最初本是一种大蛇的名字。总之，蛇与龙二名从来就纠缠不清，所以我们在引用古书中关于龙蛇的传说时，就无法，也不必将它们分清。甚至正因其分不清，这问题对于我们才特别有意义。不错，唯其龙蛇分不清，我们才更能确定龙是古代图腾社会的遗迹，因为我们知道，图腾的合并，是图腾式的社会发展必循的途径。

图腾有动物、有植物，也有无生物，但最习见的还是动物。同一图腾的分子都自认为这图腾的子孙。如果图腾是一种动物，他们就认定那动物为他们的祖先，于是他们自己全团族的男男女女、老老少少也都是那种动物了。在中国的民族中，曾奉狗为图腾的瑶族，如今还很鲜明地保存着这种意识。陆次云《峒谿纤志》说他们"岁首祭盘瓠，揉鱼肉于木槽，扣槽群号以为礼"。刘锡蕃《岭表纪蛮》也说"狗王惟狗瑶祀之。每值正朔，家人负狗环行炉灶三匝，然后举家男女向狗膜拜。是日就餐，必扣槽蹲地而食，以为尽礼。"这种风俗与现代世界各处的图腾团族举行舞会，装扮并模仿其图腾的特性与动作，是同样性质的。我国古代所谓"禹步"的一种独脚跳舞，本是仿效蛇跳，也属于这类。他们之所以要这样做，确有其绝对的实际作用。凡图腾都是那一图腾团族的老祖宗，也是他们的监护神和防卫者，它给他们供给食物，驱除灾祸，给他们降示预言以指导他们趋吉避凶。如果它是一种毒虫或猛兽，那更好，因为那样它更能为儿孙们尽防卫之责。每个老祖宗当然知道谁是它的儿孙，认识他们的相貌和声音。但儿孙太多时，老祖宗一时疏忽，认错了人，那是谁也不能担保的。所以为保证老祖宗的注意，儿孙们最好是不时在老祖宗面前演习他们本图腾的特殊姿态、动作与声调，以便提醒老祖宗的记忆。这便是前面所讲的瑶族祭狗王时"扣槽群号"而食和"禹步"的目的。另一种保证老祖宗注意的方法，是经常在装饰上表现着本图腾的特殊形相，以便老祖宗随时随地见面就认识。代表这一种手段的实例，便是我们马上就要讨论的龙图腾的"断发文身"的风俗。

"阿玛巴人（Omabas）的'龟'部族，把头发剪成和龟的甲壳同样的形式，在四边分成六条小辫代表龟的四足与头尾。小鸟的部族，则在额上梳成鸟的喙，有的又在脑后留小辫，以代表鸟的尾，在两耳上梳成两簇头发，以代表鸟的两翼。有时更在身上刺画种种花纹，力求与其图腾的形态相类似。"（胡愈之译《图腾主义》30页）在我国古代，有几个著名的修剪头发（断发）、刺画身体（文身）的民族，其装饰的目的则在模拟龙的形状。

> 九疑之南，陆事寡而水事众，于是民人劗[9]发文身，以像鳞虫。（《淮南子·原道篇》。高诱《注》曰："文身，刻画其体，内墨其中，为蛟龙之状。以入水，蛟龙不害也，故曰以像鳞虫也。"）
>
> 诸发曰："彼越……处海垂之际，屏外蕃以为居，而蛟龙又与我争焉。是以剪发文身，烂然成章，以像龙子者，将避水神也。"（《说苑·奉使篇》）
>
> （粤人）文身断发，以避蛟龙之害。（《汉书·地理志》下）
>
> 越人以箴刺皮为龙文，所以为尊荣之也。（《淮南

子·泰族篇》许慎注）

（越人）常在水中，故断其发，文其身，以象龙子，故不见伤害也。（《汉书·地理志》下应劭注）

（哀牢）种人皆刻画其身，像龙文。（《后汉书·西南夷传》）

《淮南子》《说苑》和班固、高诱、应劭等一致都认为文身的动机是要避蛟龙之害。内中《说苑》所载越人诸发的故事又见于《韩诗外传》八（《外传》里"诸发"作"廉稽"），《韩诗外传》和《说苑》都是典型的抄撮古书的书，这故事必出自先秦古籍。避害之说可能就是实行文身的越人自己的解释，所以这点材料特别宝贵，我们得将它仔细分析一下。为什么装扮得像龙，就不为蛟龙所害呢？人所伪装的龙，其像真龙能像到什么程度？龙果真那样容易被骗吗？并且水里可以伤害人的东西，不见得只有龙一种。越人纵然"常在水中"，也不能一辈子不登陆，对陆上害人的虎豹之类，何以又毫无戒心呢？然则断发文身似乎还当有一层更曲折、更深远的意义。龙之不加害于越人，恐怕不是受了越人化装的蒙蔽，而是它甘心情愿如此。越人之化装，也不是存心欺骗，而是一种虔诚心情的表现。换言之，"断发文身"是一种图腾主义的原始宗教行为。（图腾崇拜依然是一种幼稚的宗教。）他们断发文身以象龙，是因为龙是他们的图腾。换言之，因为相信自己为"龙种"，赋有"龙性"，他们才断发文身以像"龙形"。诸发所谓"以像龙子"者，本意是说实质是"龙子"，所差的只是形貌不大像，所以要"断其发，文其身"以像之。既然"断发文身"只是完成形式的一种手续，严格说来，那件事就并不太重要。如果一个人本非"龙子"，即使断发文身，还是不能避害的。反之，一个人本是"龙子"，即使不断发，不文身，龙也不致伤害他。不过这是纯理论的说法。实际上，还是把"龙子"的身份明白的披露出来妥当点，理由上文已经说过。还有龙既是他们的图腾，而他们又确信图腾便是他们的祖宗，何以他们又那样担心蛟龙害他们呢？世间岂有祖宗会伤害自己的儿孙的道理？讲到这里，我们又疑心断发文身的目的，固然是避免祖宗本人误加伤害，同时恐怕也是给祖宗便于保护，以免被旁人伤害。最初，后一种意义也许比前一种还重要些。以上所批评的一种"断发文身"的解释，可称为"避害说"。这样还不能完全说明断发文身的真实动机和起源，但其中所显示的图腾崇拜的背景却是清清楚楚的。例如说"常在水中"，"蛟龙又与我争焉"，等于说自己是水居的生物。说"龙子"更坦白地承认了是"龙的儿子"。说"将避水神"，也可见那龙不是寻常的生物，而是有神性的东西。

至于许慎所谓"刺皮为龙文，所以为尊荣之也"，可称为"尊荣说"。这一说似乎与图腾无关，其实不然。就现代人观点看来，人决不以像爬虫为尊荣。这完全是图腾主义的心理。图腾既是祖宗，又是神，人哪有比像祖宗、像神更值得骄傲的事呢！龙之所以有资格被奉为图腾，当然有个先决条件。一定是先假定了龙有一种广大无边的超自然的法力，即所谓"魔那"（Manna）者，然后才肯奉它为图腾，崇拜它、信任它、皈依它，把整个身体和心灵都交付给它。如果有方法使自己也变得和它一样，那岂不更妙？在这里，巫术——模拟巫术便是野蛮人的如意算盘。"断其发，文其身"——人一像龙，人便是龙了。人是龙，当然也有龙的法力或"魔那"，这一来，一个人便不待老祖宗的呵护，而自然没有谁敢伤害、能伤害他了。依"避害说"的观点，是一个人要老祖宗相信他是龙，依"尊荣说"的观点，是要他自己相信自己是龙。前者如果是"欺人"，后者便是"自欺"了。"自欺"果然成功了，那成就便太大了。从此一个人不但不怕灾害的袭击，因而有了"安全感"，并且也因自尊心之满足而有了"尊荣感"了。人从此可以神自居了！《桂海虞衡志·志蛮篇》曰："女及笄，即黥颊为细花纹，谓之绣面女。既黥，集亲客相庆贺。惟婢获则不刺面。"这也是尊荣说的一个实例。

先假定龙是自己的祖宗，自己便是"龙子"，是"龙子"便赋有"龙性"，等装扮成"龙形"，愈看愈像龙，愈想愈是龙，于是自己果然是龙了。这样一步步的推论下来，可称为"人的拟兽化"，正是典型的图腾主义的心理。这是第一个阶段，从第一阶段到第二阶段，便是从图腾变为始祖。杜尔干（Durkheim）说"始祖之名仍然是一种图腾"（宗教生活的初级形式），是对的。上文所讨论的人首蛇身神，正代表图腾开始蜕变为始祖的一种形态。我们疑心创造人首蛇身型的始祖的蓝本，便是断发文身的野蛮人自身。当初人要据图腾的模样来改造自己，那是我们所谓"人的拟兽化"。但在那拟兽化的企图中，实际上他只能做到人首蛇身的半人半兽的地步。因为身上可以加文饰，尽量的使其像龙，头上的发剪短了，也多少有点帮助，面部却无法改变，这样结果不正是人首蛇身了吗？如今智识进步，根据"同类产生同类"的原则，与自身同型的始祖观念产生了，便按自己的模样来拟想始祖，自己的模样既是半人半兽，当然始祖也是半人半兽了。这样由全的兽型图腾蜕变为半人半兽型的始祖，可称为"兽的拟人化"，这是第二个阶段。在这阶段中，大概文身的习俗还存在，否则也离那习俗被废弃时不久。等到文身的习俗完全绝迹，甚至连记忆也淡薄了，始祖的模样便也变作全人型的了，这是第三个阶段。

当然每一新阶段产生之后，前一阶段的观念并不完全死去。几个观念并存时，不免感觉矛盾，矛盾总是要设法调解的。调解的方式很多，这里只举一种较为巧妙的例。传说中禹本是龙（详下）。《天问》"应龙何画？河海何历？"王注曰："禹治洪水时，有神龙以尾画地，导水所注当决者，因而治之。"这里画地成河的龙实即禹自己，能画地成河就是禹疏凿江河。图腾的龙禹，与始祖的人禹并存而矛盾了，于是便派龙为禹的老师，说禹治水的方法是从龙学来的。洪水故事22说洪水退后，只剩姊弟二人。弟弟见蜥蜴交尾，告诉姊姊，二人便结为夫妇。后生双胎，即现代人类的始祖。这里交尾的蜥蜴实即姊弟二人。故事的产生，也为着调解图腾的蜥蜴与始祖的姊弟二人说。这故事的格式与禹学龙治水正是同一类型。

图腾与"沓布"（taboo）是不能分离的。文献中关于龙蛇的传说与故事，可以"沓布"来解释的着实不少，如上文所引齐桓公见委蛇与孙叔敖杀两头蛇的二故事都是。但是谈到沓布，似乎得另起端绪，而且说来话长，非本文篇幅所许，所以只好留待以后再讨论了。

4. 龙图腾的优势地位

假如我们承认中国古代有过图腾主义的社会形式，当时图腾团族必然很多，多到不计其数。我们已说过，现在所谓龙便是因原始的龙（一种蛇）图腾兼并了许多旁的图腾，而形成一种综合式的虚构的生物。这综合式的龙图腾团族所包括的单位，大概就是古代所谓"诸夏"，和至少与他们同姓的若干夷狄。他们起初都在黄河流域的上游，即古代中原的西部，后来也许因受东方一个以鸟为图腾的商民族的压迫，一部分向北迁徙的，即后来的匈奴，一部分向南迁移的，即周初南方荆楚、吴越各蛮族，现在的苗族即其一部分的后裔。留在原地的一部分，虽一度被商人征服，政治势力暂时衰落，但其文化势力不但始终屹然未动，并且做了我国四千年文化的核心。东方商民族对我国古代文化的贡献虽大，但我们的文化究以龙图腾团族（下简称龙族）的诸夏为基础。龙族的诸夏文化才是我们真正的本位文化，所以数千年来我们自称为"华夏"，历代帝王都说是龙的化身，而以龙为其符应，他们的旗章、宫室、舆服、器用，一切都刻画着龙文。总之，龙是我们立国的象征。直到民国成立，随着帝制的消亡，这观念才被放弃。然而说放弃，实地里并未放弃。正如政体是民主代替了君主，从前作为帝王象征的龙，现在变为每个中国人的象征了。也许这现象我们并不自觉。但一出国门，假如你有意要强调你的生活的"中国风"，你必多用龙纹的图案来点缀你的服饰和室内陈设。那时你简直以一个旧日的帝王自居了。

现在我们仍旧回到历史。究竟哪些古代民族或民族英雄是属于龙族的呢？風姓的伏羲氏，和古代有着人首蛇身神，近代奉伏羲、女娲为傩公、傩母的苗族，不用讲了。与夏同姓的褒国，其先君二龙的故事，我们也引过，这也不成问题。越人"断发文身以像龙子"，又相传为禹后（详后），则与褒同出一源，其为龙族，也不用怀疑。此外还有几个图腾的大团族，可以考见的，分述之如下。

（一）夏 夏为龙族，可用下列七事来证明。（1）传说禹自身是龙。《海内经》注引《归藏·启筮篇》"鲧死，三岁不腐，剖之以吴刀，化为黄龙"，《初学记》二二，《路史后纪》注一二并引末句作"是用出禹"。禹是龙，所以《列子·黄帝篇》说夏后氏也是"蛇身人面"。应龙画地成河实即禹疏凿江河，说已详上。（2）传说多言夏后氏有龙瑞。《史记·封禅书》："夏得木德，青龙止于郊。"《尚书大传》描写受禅时的情形，说"于是八风循[10]通，庆云丛聚，蟠龙奋迅于其藏，蛟鱼踊跃于其渊，龟鳖咸出于其穴，近虞而事夏。"（这大概就是后来的鱼龙漫衍之戏。）龙是水族之长，所以以龙王受禅，蛟鱼龟鳖之属都那样欣欢鼓舞。（3）夏人的器物多以龙为饰。《礼记·明堂位》"有虞氏之旗，夏后氏之绥"，郑注谓"有虞氏当言绥，夏后氏当言旗"，甚确。《周礼·司常》："交龙为旗"。《明堂位》又曰"夏后氏以龙勺"，"夏后氏之龙簨虡"。要晓得原始人器物上的装潢，往往是实用的图腾标记，并无纯粹的审美意义。（4）传说夏后氏诸王多乘龙。《括地图》说禹乘二龙，引见上文。《大荒西经》注引《归藏郑母经》曰："夏后启筮御飞龙登于天。"《海外西经》《大荒西经》都说启乘两龙，《左传》说帝赐孔甲乘龙，亦均见上文。（5）夏人的姓和禹的名，其字都与龙有关。刘师培《姒姓释》说"姒""巳"同文，姒姓即巳姓。（《左盦集》五）实则"巳""蛇"古同字，金文龙字多从"巳"，已详上文。"禹"字从"虫"，"虫"与"虫"同。"虫"在卜辞里又与"巳"同字，并即虺蛇等字所从出。再则"巳"向来读如"辰巳"之巳，其实现在的"辰巳"之巳字，在金甲文里是"已然"之已字。"已然"之"已"与"禹"双声。声近则义近，所以禹、已都是蛇名。（6）禹的后裔多属龙族。《史记·夏本纪》曰："禹为姒姓，其后分封，用国为姓……有褒氏……"《越世家》曰："越王勾践，其先禹之苗裔，而夏后帝少康之庶子也。封于会稽，以奉守禹之祀。"褒越都是龙族，已详上文。又《匈奴列传》曰："匈奴，其先祖夏后氏之苗裔也。"匈奴也是龙族，详下。（7）禹与伏羲同姓。禹妻涂山氏，《史记·夏本纪》索隐引《世本》曰："涂山氏名女娲。"《淮南子·览冥篇》有女娲"积芦灰以止淫水"之语，而《墉城集仙录》述涂山氏助禹治水之事甚详。看来，《世本》的"娲"字未必是传本之误，当初或许真有此一说。上文节引过《拾遗记》里禹遇伏羲的故事，其详情如下：

禹凿龙关之山——亦谓之龙门——至一空岩，深数十里，幽暗不可复行。禹乃负火而进……见一神，蛇身人面。禹因与语。神即示禹八卦之图，列于金版之上。又有八神侍侧。禹曰："华胥生圣子，是汝耶？"答曰："华胥是九河神女，以生余也。"乃探玉简授禹，

> 长一尺二寸，以合十二时之度，使量度天地。禹即持
> 执此简，以平定水土。蛇身之神即羲皇也。

据此，则禹平水土的方略乃是九河神女华胥的儿子——伏羲传授的。《封禅书》以夏为木德，有青龙之瑞（详上），木德青龙都是伏羲，所以《礼稽命征》曰："禹建寅，宗伏羲。"（《开元占经·龙鱼虫蛇占篇》引）禹与伏羲，涂山氏与女娲的结合，或许因为两方都出于龙图腾吧？《史记》分明说褒国是禹后，而《潜夫论》又说是伏羲之后。褒国的"褒"本一作"庖"。(《春秋世族谱》，又《路史·国名纪》丁引《盟会图》一作"苞"。)《路史后纪》一《注》引《潜夫论》曰"太昊之后有庖国，姒姓"，《国名纪》甲注又引曰："夏封伏羲之后。"《潜夫论》所谓庖国即褒国，毫无问题。但伏羲本是風姓，以"夏封伏羲之后"来解释伏羲之后以为姒姓，实在牵强得很，其实姒与風本是一姓，禹与伏羲原是一家人。姒姓即巳姓，已详上文。"風"字从"虫"，"虫"与"巳"在卜辞里是一字。原来古人说"風姓"或"巳姓"，译成今语，都是"蛇生的"（"生""姓"古今字）。这

里有一个重要的观念，非辨清楚不可。古代所谓姓，其功用只在说明一个人的来历，略等于后世的谱系，有必要时才提到它，并不像现在一开口喊人，就非"王先生""李先生"不可。既然不是常在口头上用的一种称谓，便只要意义对就行，字音毫无关系。譬如我说某人是蛇生的，你说他是长虫生的，我们并不冲突，在第三者听来也决不会发生任何误会。总之，風与巳（姒）是同义字，伏羲与禹是同姓，所以庖国是姒姓，也是風姓，是禹后，也是伏羲之后了。所谓同姓实即同图腾，知道伏羲的图腾是龙，则禹的图腾是什么也就解决了。

（二）共工　相传共工也是人面蛇身，其证如下：

共工人面蛇身朱发。（《大荒西经》注引《归藏·启筮篇》）

共工，天神，人面蛇身。（《淮南子·坠形篇》高注）

西北荒有人焉，人面朱髯（发），蛇身人手足，而食五谷，禽兽顽愚，名曰共工。（《神异经》）

此外又有三个旁证。（1）共工氏之子曰句龙。《左传·昭二十九年》蔡墨曰："共工氏有子曰句龙，为后土。"（2）共工氏之臣人面蛇身。《海外北经》曰："共工之臣曰相柳氏……九首人面蛇身而青。"《大荒北经》曰："共工臣名曰相繇，九首蛇身自环。"郭璞说相繇即相柳。《广雅·释地》曰："北方有民焉，九首蛇身，其名曰相繇。"（3）共工即雄虺。《天问》"康回冯怒，墜何[11]以东南倾"，王《注》曰："康回，共工名也。""康"与"庸"俱从"庚"声，古字通用，故《史记·楚世家》"熊渠……乃立其长子康为句亶王"，《索隐》引《世本》"康"作庸，《秦诅楚文》"今楚王熊相康回无道"，董逌释作"庸回"。《天问》之"康回"即《尧典》之"庸违"。不过《尧典》那一整段文字似乎从未被读懂过。原文如下：

　　帝曰："咨時[12]若予采。"

　　驩兜曰："都共工方鸠僝（桥）功。"

　　帝曰："吁！静言庸违（回），象（滛）恭（洪）滔天。"帝曰："咨四岳。汤汤洪水方割（害），[13]怀山襄（囊）陵，浩浩滔天。下民其咨，有能俾乂？"

佥曰："於！鲧哉。"

《周语》下灵王太子晋说："昔共工氏……壅防百川，堕高
堙庳，以害天下，祸乱并兴，共工用灭。其在有虞，有崇
伯鲧，播其淫心，称遂共工之过。"《尧典》的话完全可与
《周语》相印证。"俷"当读为栫，《说文》曰："以柴木壅
水也。""方鸠栫功"即《周语》之"壅防百川"[14]。"象"
是"潒"之省，"潒"即"荡"字。"恭"当从"水"作"洪"，
即"洪"之别体。"滔天"即下文之"浩浩滔天"，指洪水。"潒
洪滔天"即《淮南子·本经》篇所谓"共工振滔洪水，以薄
空桑"，《周语》之"害天下"亦指此而言。[15]"庸违"当从《左
传·文十八年》《论衡·恢国篇》《潜夫论·明暗篇》《吴志·陆
抗传》作"庸回"。但自《左传》以来，都将"庸回"解为"用
邪"，《史记·五帝本纪》也译为"用僻"，实在是大错。（向
来解释下句"象恭滔天"的各种说法，也极可笑。）实则"庸
回"是"潒洪滔天"的主词，正如"共工"是"方鸠栫功"
的主词，庸回与共工是一个人。《天问》《招魂》都有"雄虺

九首"之语，郝懿行说就是《山海经》"九首蛇身"的相柳，很对。其实共工之臣与共工还是一样，相柳九首，共工也可以九首。"雄虺"与"庸回"声近，"雄虺九首"就是共工。共工人面蛇身，所以又称雄虺。"庸回"是"雄虺"的声假字，"康回"则"庸回"的异文。

（三）祝融　据《郑语》，祝融之后八姓，《世本》（《史记·楚世家》索隐引）及《大戴礼记·帝系姓篇》，均作六姓。据《郑语》韦昭《注》，八姓又可归并为五姓。现在对照各说，列表如下：

郑语	世本	帝系姓	楚世家	韦注
巳（昆，吾，苏，顾，温，董）	樊（是为昆吾）	樊（是为昆吾）	昆吾	巳（董为巳之别封）
董（鬷夷，豢龙）				
彭（彭祖，豕韦，诸稽）	篯铿（是为彭祖）	篯（是为彭祖）	彭祖	彭（秃为彭之别封）
秃（舟人）				
妘（邬，郐，路，偪阳）	求言（是为郐人）	莱言（是为云郐人）	会人	妘
曹（邹，莒）	安（是为曹姓）	安（是为曹姓）	曹姓	曹（斟为曹之别封）

| 斟（无后） | 惠连（是为参胡——宋忠注云斟姓） | 惠连（是为参胡） | 参胡 | |
| 芈（夔，越，蛮芈，荆） | 季连（是为芈姓） | 季连（是为芈姓） | 季连 | 芈 |

巳姓是龙族（详上），所以巳的别封董姓中有豢龙氏。芈姓的越也是龙族（亦详上），而夔也有说是龙类的。《说文》曰："夔，神魖也，如龙一足。从夂。象有角手人面之形。"《文选·东京赋》薛综《注》曰："夔，木石之怪。如龙有角，鳞甲光如日月。见则其邑大旱。"小篆"夔"亦从"巳"，与金文"龙"从"巳"同意，所以《尚书》夔龙通称。芈姓又有蛮芈，而荆本在荆蛮。其实古代南方诸族都称蛮，所以夔越也还是蛮。芈姓四支都是蛮，"芈"也许就是"蛮"之声转。"蛮"字从"虫"，《说文》曰"南蛮蛇种"，尤为芈姓是龙族的确证。巳、芈二姓都是龙族，而都出于祝融，则祝融可能也是龙子。"融"字从"虫"，本义当是一种蛇的名字。《东山经》曰：

独山涂末之水，东南流注于沔。其中多儵蛹，其状如黄蛇，鱼翼，出入有光。见则其邑大旱。

"儵蛹"郭《注》曰"条容二音"。金文《邾公钆钟》"陆䣋之孙邾公钆"，王国维说"陆䣋"即"陆终"（《观堂集林》一八《邾公钟跋》），郭沫若说亦即"祝融"（《金文丛考·金文所无考》）。两说都对。其实"䣋""享"古同字，"䣋"亦可释"蜳"。《庄子·外物篇》"螴蜳不得成"，司马彪《注》曰："'螴蜳'读曰'忡融'。"䣋读曰融，是陆䣋即祝融的佳证。但是"䣋"所从的"享"又是古文"墉"字；所以"䣋"又可释为"墉"，而"祝""儵"声亦近，"陆䣋""祝融"实在都是《山海经》的"儵蛹"。《郑语》史伯曰"夫黎为高辛氏火正，以淳（焞）耀敦大天明地德，光照四海，故命之曰'祝融'。"又曰："祝融亦能昭显天地之光明。""光照四海"与"出入有光"合，火正与"见则其邑大旱"合，祝融即儵蛹，是没有问题的。祝融即儵蛹，儵蛹"见则其邑大旱"，夔是祝融之后，所以也是"见则其邑大旱"。祝融是一条火龙，所以又与火山黏合而成为火山的神。

西北海之外，赤水之北，有章尾（㞶）山。有神人面蛇身而赤，身长千里[16]。直目正乘，其瞑乃晦，其视乃明。不食，不寝，不息。风雨是谒。是烛九阴，是谓烛龙。（《大荒北经》）

钟山之神，名曰烛阴。视为昼，瞑为夜，吹为冬，呼为夏。不饮不食，不息，息为风。身长千里。……其为物，人面蛇身，赤色，居钟山下。（《海外北经》）

烛龙在雁门北，蔽于委羽之山，不见日。其神人面龙身而无足。（《淮南子·坠形篇》）

烛龙即祝融，杨宽已讲过（《中国上古史导论》——《古史辨》第七册上编），那是对的，但说是日神，却不然。《淮南子》分明说"不见日"。"钟""章"一声之转。（《汉书·广川惠王越传》"尊章"注曰："今关中妇呼舅为钟，钟者章声之转。"）"尾"当读为"㞶"，《说文》："㞶，火也。"《洞冥记》曰："东方朔北游钟火山，日月不照，有青龙衔烛，照山四极。"章㞶山即钟火山，钟山又是钟火山之省。上揭各书所描写的情形，显然都是由火山的性能傅会出来的。但说钟山之神烛龙即祝融，确乎可信。《周语》上内史过曰："昔夏之兴也，融降于崇山。"融即祝融，崇山即钟山，韦昭说是阳城附近的崇（嵩）高山，恐怕不对。《西次三经》又说：

> 钟山（之神）其子曰鼓，其状如人面而龙身。是与钦䲹杀葆江于昆仑之阳。帝乃戮之钟山之东曰瑶崖。钦䲹化为大鹗。其状如雕而黑文，白首赤喙而虎爪，其音如晨鹄。见则有大兵。鼓亦化为鵕鸟，其状如鸱，赤足而直喙，黄文而白首，其音如鹄。见即其邑大旱。

钟山本在北方，祝融是颛顼的孙子，颛顼是北方之神，所以祝融本当在北方。钟山之神烛龙的儿子——鼓化为鵕鸟，大概即祝融的后裔迁到南方，征服了南方的淮夷而占其地的故事。淮夷是鸟图腾的团族，帝俊之后，所以说"化为鵕鸟"。帝俊即帝喾。《郑语》曰："黎为高辛氏火正。"《楚世家》曰："重黎为帝喾高辛氏居火正，甚有功，能光融天

下，帝喾命曰祝融。"大概是同一故事的另一种传说。鼓"见则其邑大旱"与修蛇的传说相同。修蛇即祝融，鼓是祝融之子，所以传说相同。楚的始祖祝融是赤龙，汉高祖是楚人，所以也是赤龙或赤蛇之精。祝融之子是龙化为鸟，又和《春秋握诚图》所记"刘媪梦赤鸟如龙戏己，生执嘉"（《史记·高祖本纪》正义引）的传说相合。

（四）黄帝　黄帝是龙的问题很简单。

　　轩辕之国……人面蛇身，尾交首上。(《海外西经》)
　　轩辕黄龙体。(《史记·天官书》)
　　中央土也，其帝黄帝，其佐后土……其兽黄龙。(《淮南子·天文篇》)
　　黄帝得土德，黄龙地螾见。(《史记·封禅书》)
　　黄帝将亡，则黄龙坠。(《开元占经·龙鱼虫蛇占篇》引《春秋握诚图》)

现在只举黄帝后十二姓中的僖巳二姓为例，来证明黄帝的别姓也是龙族。(1)《晋语》四司空季子曰："凡黄帝之子二十五宗，其得姓者十四人，为十二姓：姬，酉，祁，巳，滕，箴，任，荀，僖，姞，儇，依是也。"旧音曰："僖或为釐"。《潜夫论·志氏姓篇》亦作釐。《鲁语》下仲尼曰："（防风）汪芒氏之君也，守封嵎之山者也，为漆姓。在虞、夏、商为汪芒氏，于周为长狄，今为大人。"《史记·孔子世家》"漆"作"釐"（《说苑·辨物篇》同），（《索隐》曰"釐音僖。"王引之说"漆"为"来"之误，"来"与"釐"通（《经义述闻》二〇），甚确。据孔子说，防风氏春秋时为"大人"，《大荒北经》曰"有大人之国，釐姓"，这是王说很好的证据。王氏又据《晋语》黄帝之后有僖姓，即釐姓，来证明防风氏是黄帝之后，这说也确。《博物志》二曰："大人国，其人……能乘云而不能走，盖龙类。"《大荒东经》注引《河图玉版》曰："从昆仑山以北九万里，得龙伯国，人长三十丈。"《初学记》一九引《河图龙鱼》作"长三丈"，《列子·汤问篇》曰："龙伯之国有大人，举足不盈步而暨五山之所，一钓而连六鳌。"龙伯国即大人国，大人国是"龙类"，所以又名龙伯国。黄帝是龙，大人国是黄帝之后，所以也是龙类。（2）黄帝十二姓中也有巳姓，巳是龙（见上）。黄帝之后的巳姓与祝融之后的巳姓，从图腾的立场看来，还是一姓，因为黄帝、祝融都是龙。

（五）匈奴　匈奴的龙图腾的遗迹，可以下列各点来证明。（1）每年祭龙三次，名曰"龙祠"。《后汉书·南匈奴传》"匈奴岁有三龙祠。常以正月、五月、九月戊日祭天神。"（2）举行龙祠时，首领们会议国家大事，名曰"龙会"。《南匈奴传》又曰："单于每龙会议事，（左贤王）师子辄称病不往。"（3）祭龙的地方名曰"龙城"或"龙庭"。《史记·匈奴传》"五月大会龙城，祭其先、天地、鬼神"（龙城《汉书》作"龙庭"），《索隐》引崔浩曰："西方胡皆事龙神，故名大会处为龙城。"《文选》班固《封燕然山铭》"蹑冒顿之区落，焚老上之龙庭"，注曰："龙庭，单于祭天所也。"（4）习俗有"龙忌"。《淮南子·要略篇》"操合开塞，各有龙忌"，许《注》曰："中国以鬼神之事曰忌，北胡南越皆谓'请龙'。"《后汉书·周举传》："太原旧俗，以介子推焚骸，有龙忌之禁。至其亡月，咸言神灵不乐举火，由是士民每冬中辄一月寒食，莫敢烟爨。"晋染胡俗最深，故也有龙忌。《墨子·贵义篇》："子墨子北之齐，遇日者，日者曰：'帝以今日杀墨龙于北方，而先生之色黑，不可以北。'子墨子不听，遂北至淄水，不遂而反焉。日者曰：'我谓先生不可以北。'子墨子曰：'南之人不得北，北之人不得南，其色有黑者，有白者，何故皆不遂也？且帝以甲乙杀青龙于东方，以丙丁杀赤龙于南方，以庚辛杀白龙于西方，以壬癸杀黑龙于北方，若用子之言，则是禁天下之行者也。'"这大概也是龙忌。刘盼遂说墨翟是北狄种，这里所讲的是匈奴风俗（《燕京新闻》民国二十七年十一月十八日）。（5）自认为龙类。《晏子春秋·谏》下篇曰："维翟（狄）人与龙蛇比。"《吕氏春秋·介立篇》："晋文公反，介子推家不肯受赏，自为赋诗曰：'有龙于飞，周遍天下，五蛇从之，为之丞辅。龙反其乡，得其处所，四蛇从之，得其露雨。一蛇羞之，槁死中野。'悬书公门而伏于山下。"称君为龙，臣为蛇，也是胡俗，即所谓"维翟人与龙蛇比"（互参上条）。（6）人面龙身。《开元占经·客星占六篇》引郗萌曰："客星舍匈奴星，人面龙身留十余日不去，胡人内相贼，国家兵起，边人来降。"

由上观之，古代几个主要的华夏和夷狄民族，差不多都是龙图腾的团族，龙在我们历史与文化中的意义，真是太重大了。关于龙可说的话，还多得很，因为限于篇幅，我们只能将《山海经》里所见的人面蛇身或龙身的神（包括上文已讨论的和未讨论的），列一总表于下，以结束本文。请注意表中各神的方位分布。

中	《中山经》（次十）		首山至丙山诸神	皆龙身人面
南	《南山经》（次三）		天吴之山至南禺之山诸神	皆龙身而人面
	《海内经》（南方）		延维	人首蛇身
西	《西山经》（次三）		鼓	人面龙身
	《海外西经》		轩辕	人面蛇身尾交首上
北	《北山经》	（首）	单狐之山至隄山诸神	皆人面蛇身
		（次二）	管涔之山至敦题之山诸神	皆蛇身人面
	《海外北经》又《大荒北经》		烛龙（烛阴）	人面蛇身赤色
			相柳（相繇）	九首人面蛇身自环色青
	《海内北经》		贰负[17]	人面蛇身
东	《海内东经》		雷神	龙身而人头

民国三十一年十一月十五日，昆明（本节《从人首蛇身像谈到龙与图腾》曾刊于人文科学学报）

三、战争与洪水

我们分析多数的洪水遗民故事，发现其中心母题总不外（一）兄妹之父与雷公斗争，（二）雷公发洪水，（三）全人类中惟兄妹二人得救，（四）二人结为夫妇，（五）遗传人类。这些又可归纳为两个主要原素。洪水不过是一种战略，或战祸的顶点，所以（一）（二）可归并为 A 战争。兄妹配婚与遗传人类是祖宗崇拜的推源故事，所以（四）（五）可归并为 B 宗教。（三）兄妹从洪水中得救，是 A 与 B 间的连锁。这两个原素恰恰与那说明古代社会的名言"国之大事，在祀与戎"的原则相合。关于 B 项，即祖宗崇拜的宗教，上节已讲得很多了。在本节我们要专门讨论属于 A 项的战争故事了。

我们若要在汉籍中寻找这故事的痕迹，洪水是个好线索。《淮南子·览冥篇》曰：

……然犹未及虑羲氏之道也。往古之时，四极废，九州裂，天不兼覆，地不周载，火爁焱而不灭，水浩洋而不消，猛兽食颛民，鸷鸟攫老弱。于是女娲炼五色石以补苍天，断鳌足以立四极，杀黑龙以济冀州，积芦灰以止淫水。苍天补，四极正，淫水涸，冀州平，狡虫死，颛民生。

这故事与共工有关，可以由下列几点证明。（一）黑龙即共工，详上文论句龙。（二）"四极废，九州裂，天不兼覆，地不周载"，即所谓"天倾西北，地倾东南"，其事据《楚辞》《淮南子》，乃是共工触山的结果。《楚辞·天问》曰："康回冯怒，墜何以东南倾？"王《注》曰："康回，共工名也。"《淮南子·原道篇》曰："昔共工之力触不周之山，使地东南倾。"《天文篇》曰："昔者共工与颛顼争为帝，怒而触不周之山，天维绝，地柱折，天倾西北，故日月星辰移焉，地倾西南，故水潦尘埃归焉。"（三）所谓"淫水"即洪水，相传为共工所致。《书·尧典》曰："静言庸违，象（漾）恭（洪）滔天。"庸违，《论衡·恢国篇》《潜夫论·明暗篇》

作庸回，即《天问》之康回，亦即共工。"濠（同荡）洪滔天"即《淮南子·本经篇》所谓"共工振滔洪水"。又《周语》下曰："昔共工氏……壅防百川，堕高堙庳，以害天下"；《荀子·成相篇》曰："禹有功，抑下鸿（洪），辟除民害逐共工"；《史记·律书》曰"颛顼有共工之阵以平水土"，都暗示洪水与共工有关。《补史记·三皇本纪》直说女娲收拾的残局是共工造成的。

当其（女娲）末年也，诸侯有共工氏，任智刑以强霸而不王，以水乘木，乃与祝融战。不胜而怒，乃头触不周山崩，天柱折，地维缺。女娲乃炼五色石以补天，断鳌足以立四极，聚芦灰以止滔水，以济冀州。于是地平天成，不改旧物。

《路史后纪》二并说共工是女娲灭的。

太昊氏衰，共工惟始作乱，振滔洪水，以祸天下。隳天网，绝地纪，覆中冀，人不堪命。于是女皇氏（即女娲）役其神力，以与共工氏较，灭共工氏而迁之。
然后四极正，冀州宁，地平天成，万民复生。

司马贞将《淮南子·原道篇》与《天文篇》的共工争帝触
山和《览冥篇》的女娲补天治水揉在一起说，罗泌又将《本
经篇》的共工振滔洪水和《览冥篇》的女娲故事打成一片，
确乎都是很有道理的。

　　在汉籍中发动洪水者是共工，在苗族传说中是雷公，莫
非雷公就是共工吗？我们是否能找到一些旁证来支持这个假
设呢？较早的载籍中讲到雷公形状的都说是龙身人头。

　　　　《海内东经》："雷泽中有雷神，龙身而人头，鼓
　　　　其腹则雷。"《淮南子·坠形篇》："雷泽有神，龙身人头，
　　　　鼓其腹而熙。"

共工亦人面蛇身。

　　　　《淮南子·坠形篇》高《注》："共工，天神，人

面蛇身。"

《大荒西经》注引《归藏启巫》："共工人面蛇身朱发。"

《神异经》："西北荒有人焉，人面朱髯，蛇身人手足，而食五谷，禽兽顽愚，名曰共工。"

而其子名曰句龙（见前），其臣亦人面蛇身。

《海外北经》："共工之臣曰相柳氏……九首人面蛇身而青。"

《大荒北经》："共工臣名相繇，九首蛇身自环。"

然则共工的形状实与雷神相似，这可算共工即雷神的一个有力的旁证。古字回与雷通，吴雷（《楚公铸》）一作吴回（《大戴礼记·帝系篇》《史记·楚世家》《大荒西经》），方雷（《晋语》四）一作方回（《淮南子·俶真篇》，《后汉书·周盘传》注引《列仙传》，四八目），雷水（《穆天子传》《水经·河水注》）一作回水（《天问》《汉书·武帝纪·瓠子歌》），是其例。共工，《论衡》《潜夫论》引《尚书》作庸回，《天问》作康回，疑庸回、康回即庸雷、康雷。此说如其可靠，则共工即雷神，完全证实了。

共工在历史上的声誉，可算坏极了。他的罪名，除了招致洪水以害天下之外，还有"作乱"和"自贤"两项。前者见《吕氏春秋·荡兵篇》和《史记·楚世家》，后者见《周书·史记篇》。在《左传》中则被称"四凶"之一。

少皞氏有不才子，毁信废忠，崇饰恶言，靖谮庸回，服谗蒐慝，以诬盛德。天下之民谓之穷奇。

注家都说穷奇即共工，大概是没有问题的。因此许多有盛德的帝王都会有过诛讨共工的功。帝喾诛灭共工，见《淮南子·原道篇》和《史记·楚世家》。颛顼战败共工之卿浮游，见《汲冢琐语》。唐氏（帝尧）伐共工，见《周书·史记篇》。帝舜流共工于幽州，见《尚书·尧典》。

禹的功劳尤其多，攻共工，见《大荒西经》，伐共工，见《荀子·议兵篇》及《秦策》，逐共工，见《荀子·成相篇》，杀共工之臣相柳或相繇，见《海外北经》及《大荒北经》。此外不要忘记上文已表过的女娲杀黑龙，实即杀共工。苗族传说没有把共工罗织成一个千古罪人。他们的态度较老实、较幼稚，只说兄弟二人因争财产不睦，哥哥一气，便发起洪水来淹没弟弟所管领的大地，如故事（10）。他们也不讳言自己的祖先吃了败仗，以致受伤身死，如故事（2）。因此，将这仇恨心理坦率地表现在故事（1）中，便说母亲病重，告诉儿子："若得天上雷公的心来吞服，便可痊愈。"总之，汉、苗两派的故事，作风虽不同，态度虽有理智的与感情的之别，但内中都埋藏着一个深沉的、辽远的仇恨，却没有分别。

这次战争之剧烈，看《淮南子》（《览冥》《天文》）两篇所述，便可想见。四极废，九州裂，天倾西北，地倾东南，其破坏性之大一至于此。神话期历史上第一有名的涿鹿之战，也许因时期较近，在人们记忆中较为鲜明，若论其规模之大，为祸之惨，似乎还比不上这一次。但洪水部分，我以为必系另一事，它之加入这个战争故事，是由于传说的黏合作用。远在那渺茫的神话时期，想来不会有如后来智伯、梁武所用的水战的战术。洪水本身是怎么回事，是另一问题。它的惨痛的经验，在人类记忆中留下很深的痕迹，那是显而易见的。它的被羼入这战争故事，正表示那场战争之激烈，天灾人祸，正以惨烈性的程度相当，而在人类记忆中发生黏合作用。为明瞭战争在这故事中的重要性高于洪水，我们还可以引另一故事作一比较。奉祀槃瓠的瑶畲，虽与奉祀伏羲的苗不同族，但是同系的两个支族，那是不成问题的。而且"槃瓠""伏羲"一声之转，明系出于同源，而两故事中相通之处也很多。这些问题下文还要详细讨论。现在我们要提出的是槃瓠故事中完全没有洪水，而战争却是故事的一个很重要的成分。这也反映出在伏羲故事中，洪水本不是包含在战争中的一部分，而是另外一件独立的事实，和战争偶然走碰头了，因而便结了不解之缘。换言之，战争的发生或许在苗和瑶畲未分居的时代，所以在两支传说中都保存着这件事的记忆。洪水则是既分居后苗族独有的经验，所以它只见于苗族传说，而不见于瑶畲传说。

古代民族大都住在水边，所谓洪水似乎即指河水的泛滥。人们对付这洪水的手段，大致可分为三种。（一）最早

的办法是"择丘陵而处",其态度是消极的、逃避的。消极中稍带积极性的是离水太远的高处不便居住,近水的丘陵不够高时,就从较远的高处挖点土来把不够高的填得更高点,这便是所谓"堕高堙庳"。次之(二)是壅防,即筑初步的或正式的堤。后(三)是疏导,堙塞从古以来就有了,疏导的发明最晚,都用不着讨论。壅防的起源却不太早。《穀梁传·僖九年》载齐桓公葵丘之盟(前651)曰"毋壅泉",似乎是最早的记载。一百年后,周"灵王二十二年(前550),谷洛斗,将毁王宫,王欲壅之"(《周语》下)。太子晋大大发挥一顿壅防的害处。大概春秋中叶以后,壅防之事已经盛行了。以农业发展与土地开辟的情形推之,"壅泉"之盛于此时,倒是合理的。再早便不大可能了。若说神话初产生时,人们便已知道"壅泉"之法,因而便说共工曾实行此法,那却很难想象了。

古籍说到共工与洪水的有下列各书:

　　《书·尧典》:"共工方鸠僝(撰)功……象(襄)恭(洪)滔天。"

《周语》下"昔共工氏……欲壅防百川，堕高堙庳，以害天下。"

《淮南子·本经篇》"共工振滔洪水，以薄空桑"。

《尧典》"潝洪滔天"即《淮南子》"振滔洪水"，已详上文。但这是说激动洪水，而没有说到如何激动的方法。"堕高堙庳"假定是共工时代可能的现象，大致没有什么问题。《尧典》"方鸠僝功"之僝应读为栫，《说文》训为"以柴木壅"，此即《周语》所谓"壅防百川"。如果上文我们判断的不错，壅泉之法，至春秋时代才开始盛行，那么传说中共工壅防百川的部分，可能也是春秋时产生的。本来《周语》"共工氏……欲壅防百川"的话就是太子晋口中的，而说到"共工方鸠僝功"的《尧典》，有人说是战国作品，虽未必对，但恐怕最早也不能超过春秋之前。总之，我们相信洪水传说尽可很早，共工发动洪水，尤其以壅防百川的方法来发动洪水，却不必早。共工发动洪水的传说既不能太早，则在颛顼共工的战争故事中，洪水部分是比较后加的，也就不言而喻了。

四、汉苗的种族关系

上文我们已经证明了伏羲、女娲确是苗族的祖先，我们又疑心那称为伏羲氏的氏族或是西周褒国后裔之南迁者。褒是姒姓国，夏禹之后，然则伏羲氏的族属与夏后氏相近了。伏羲与龙的关系是无可疑的事实。夏与龙的关系，以下面各事证之，似乎也不成问题。（一）《海内经》注引《归藏·启筮篇》曰："鲧死三岁不腐，剖之以吴刀，化为黄龙。"《初学记》二二，《路史后纪》一二《注》引"化为黄龙"并作"是用出禹"。（二）《天问》："应龙何画？河海何历？"王注曰："禹治洪水时，有神龙以尾画地，导水所注当决者，因而治之也。"其实助禹治水的龙本即禹自己，后期传说始分为二。（三）古禹字作 农，从 𧉚（虫）从 入（手）执之。虫古虺字，与龙同类。（四）夏王多乘龙的故事。A.《御览》九六引《括地图》："夏后德盛，二龙降之，禹使范氏御之以行。"（《博物志》八，敦煌旧抄《瑞应图》引《神灵记》略同。）B.《海外西经》"夏后启于此儛九代，乘两龙"，《大荒西经》"有人珥两青蛇，乘两龙，名曰夏后开"，《注》引《归藏郑母经》"夏后启筮御飞龙登于天，吉"。C.《左传·昭二十九年》："帝赐之（孔甲）乘龙，河汉各二。"（五）《史记·封禅书》："夏得木德，青龙止于郊。"伏羲氏与夏后氏既皆与龙有这样密切的关系，我疑心二者最初同属于一个龙图腾的团族。在后图腾社会变为氏族社会，这团族才分为若干氏族，伏羲氏与夏后氏便是其中之二。既为两个分离的氏族，所以各自有姓，伏羲氏姓风，夏后氏姓姒。褒亦姒姓国，本是龙图腾的支裔，所以也有先君二龙的传说。

汉族所传的共工，相当于苗族所传的雷神，也是上文证明过的。共工既相当于雷神，则共工的对手可能也相当于雷神的对手了。雷神的对手是伏羲。共工的对手，据汉籍所传，有以下各种说法：

（一）帝喾高辛氏

《淮南子·原道篇》："昔共工……与高辛争为帝。"

《史记·楚世家》："共工氏作乱，帝喾使重黎诛之而不尽。"

（二）颛顼

《淮南子·天文篇》："昔者共工与颛顼争为帝。"

同上《兵略篇》："颛顼尝与共工争矣。"

《史记·律书》："颛顼有共工之阵以平水土。"

《琐语》："昔者共工之卿浮游败于颛顼。"

（三）帝尧陶唐氏

《韩非子·外储说》左上篇："尧……又举兵而诛共工于幽州之都。"

《周书·史记篇》："昔有共工自贤……唐氏伐之，共工以亡。"

《大戴记·五帝德篇》："帝尧……流共工于幽州以交北狄。"

（四）帝舜

《书·尧典》：“舜……流共工于幽州。”

《淮南子·本经篇》：“舜之时，共工振滔洪水，以薄空桑。”

（五）禹

《荀子·议兵篇》：“禹伐共工。”（《秦策》同）

《荀子·成相篇》：“禹有功，抑下鸿，辟除民害逐共工。”

《大荒西经》：“西北海之外……有禹攻共工之山。”

《海外北经》：“共工之臣曰相柳氏……禹杀相柳。”（《大荒北经》作相繇）

除帝喾外，其余各说都可以有法沟通。舜流共工，据《尧典》本在舜受禅后尧未死前，故共工也可说是尧流的。若依《韩非子》尧禅位于舜，共工以为不平，尧逐流之，则流共工正在唐虞禅让之际，其负责的人更是两说皆可了。《周书》的看法与韩非同，大概是比较近确的。流共工的事既可以这样看，关于四凶中其余三凶，可以类推。讲到四凶，有一个极有趣的现象，那便是不但如世人所习知的尧（或舜）诛四凶，颛顼与禹似乎也有同样的事迹。试分别证之如下：

（一）三苗　《墨子·非攻》下篇曰：

> 昔者三苗大乱，天命殛之。……高阳乃命禹于玄宫……以征有苗。

然则诛三苗是颛顼的命令，而禹执行之。此外诸书单说禹伐有苗很多，不具举。总之，对诛三苗这事，颛顼和禹都有分儿。

（二）鲧　经注引《纪年》曰：

> 颛顼产伯鲧，是维若阳。

《世本》及《大戴记·帝系篇》亦皆曰："颛顼产鲧。"《墨子·尚贤》中篇曰：

> 昔者伯鲧，帝之元子，废帝之德庸，既乃刑之。

五、伏羲与葫芦

1. 洪水造人故事中的葫芦

在中国西南部（包括湘西、贵州、广西、云南、西康）诸少数民族中，乃至在域外，都流传着一种兄妹配偶型的洪水遗民再造人类的故事（下简称为洪水造人故事），其母题最典型的形式是：

> 一个家长（父或兄），家中有一对童男童女（家长的子女或弟妹）。被家长拘禁的仇家（往往是家长的弟兄），因童男女的搭救而逃脱后，发动洪水来向家长报

仇，但对童男女，则已预先教以特殊手段，使之免于灾难。洪水退后，人类灭绝，只剩童男女二人，他们便以兄妹（或姊弟）结为夫妇，再造人类。

这是原始智慧的宝藏，原始生活经验的结晶，举凡与民族全体休戚相关，而足以加强他们团结意识的记忆，如人种来源，天灾经验，与夫民族仇恨等等，都被象征式的糅合在这里。它的内容是复杂的，包含着多样而错综的主题，因为它的长成是通过了悠久时间的累积。主题中最重要的，无疑是人种来源，次之或许是天灾经验，再次是民族仇恨等等。本文便专以人种来源这个主题为研究对象，所有将被讨论的诸问题都以这一点为中心。

普通都称这些故事为"洪水故事"，实有斟酌余地。我们在上文已经提到故事的社会功能和教育意义，是在加强民族团结意识，所以在故事中那意在证实血族纽带的人种来源——即造人传说，实是故事最基本的主题，洪水只是造人事件的特殊环境，所以应居从属地位。依照这观点，最妥当的名称该是"造人故事"，如果再详细点，称之为"洪水造人故事"，那"洪水"二字也是带有几分限制词的意味的。我疑心普通只注意故事中的洪水部分而忽略了造人部分，是被洪水事件本身的戏剧性所迷误的。其实这纯是我们文明社会的观点，我们知道，原始人类从不为故事而讲故事，在他们任何行为都是具有一种实用的目的。

正如造人是整个故事的核心，葫芦又是造人故事的核心。但在讨论故事中作为造人素材的葫芦之前，我们得先谈谈作为避水工具的葫芦。

分析四十九个故事的内容（参看表一），我们发现故事情节与葫芦发生关系的有两处，一是避水工具，一是造人素材。本来在原始传说中，说法愈合理，照例是离原始形态愈远，因此在避水工具中（参看表二），葫芦和与它同类的瓜，我们疑心应该是较早期的说法，其余如鼓桶臼箱瓮床和舟，说得愈合理，反而是后来陆续修正的结果。这一点交代以后，我们再来研究造人素材（参看表三）。在那第一组（物中藏人，由物变人）的六种不同的形式中，

一、男女从葫芦中出；

二、男女坐瓜花中，结实后，二人包在瓜中；

三、造就人种，放在鼓内；

四、瓜子变男，瓜瓢变女；

五、切瓜成片，瓜片变人；

六、播种瓜子，瓜子变人。

五种属于葫芦和与之同类的瓜，一种是鼓，看来鼓中容人，似比葫芦和瓜更合理，实则它的合理性适足以证明它的讹误性，说不定鼓中藏人种，正是受了那本身也是讹变的"鼓中避水说"的感染而变生的讹变。因此，我们主张在讨论问题时，这一条"造就人种，放在鼓内"，可以除外，要不就权将"鼓"字当作"瓜"字之讹也行。这一点辩明以后，我们可以进而讨论全部造人素材的问题，便是造人素材与葫芦的关系问题。

和避水工具一样，关于造人素材的说法，也可分为较怪诞与较平实的两组，前者我们称为第一组，后者称为第二组。第一组的六种形式上文已经列举过，现在再将第二组分作两类列举于下：

第一类像物形

一、像瓜；

二、像鸡卵；

三、磨石仔。

第二类不成人形

一、肉球，肉团（陀），肉块；

二、无手足（腿臂），无头尾，无耳目口鼻（面目）；

三、怪胎；

四、血盆。

第一类的第三项与第二类的第二项，没有严格的界限。有时说到"磨石仔"，又说到"无手足"之类，在这种场合，我们便将它归入"无手足……"项下。依上述愈合理，愈失真的原则，我们疑心这第二组内离葫芦愈远，离人形愈近的各种形式，也是后起的合理化的观念形态。而最早的传说只是人种从葫芦中来，或由葫芦变成。八寨黑苗（7），短裙黑苗（8），说童男女自身是从石蛋出来的，生苗或说蛋（15），或说白蛋（17），或说飞蛾蛋（18），暗示最初的传说都认为人类是从自然物变来，而不是人生的。而且蛋与葫芦形状相近，或许蛋生还是葫芦生的变相说法。至于避水工具中的葫芦，也还是抄袭造人素材的葫芦的。可能造人和洪水根本是两个故事，《生苗起源歌》（16，17，18）只讲造人，不提洪水，似乎还保存着传说的原始形态（生苗是一个在演化进程中最落后的民族）。我们疑心造人故事应产生在前，洪水部分是后来黏合上去的，洪水故事中本无葫芦，葫芦是造人故事的有机部分，是在造人故事兼并洪水故事的过程中，葫芦才以它的渡船作用，巧妙的做了缀合两个故事的连锁。总之，没有造人素材的葫芦，便没有避水工具的葫芦，造人的主题是比洪水来得重要，而葫芦则正做了造人故事的核心。

2. 伏羲女娲与匏瓠的语音关系

以上所论都是纯理论的假设，最后判断当然有待于更多更精密的民俗调查材料。这样的材料，可惜我们目前几乎一点也没有。然而说除了民俗调查材料，目前我们在这题目上，便没有一句话可说，那又不然。

综观以上各例，使我们想到伏羲、女娲莫不就是葫芦的化身。或仿民间故事的术语说，一对葫芦精。于是我注

意到伏羲女娲二名字的意义。我试探的结果，"伏羲""女娲"果然就是葫芦。

伏字《易·系辞传》下作包，包匏音近古通，《易·姤》九五"以杞包瓜"，《释文》引《子夏传》及《正义》包并作匏。《泰》九二："包荒，用冯河，不遐遗。"包亦当读为匏，可证。匏瓠《说文》互训，古书亦或通用，今语谓之葫芦。羲一作戏，《广雅·释器》："瓠，蠡，蘫，瓢也。"《一切经音义》十八引作瓤，音羲。王念孙云，瓤与瓤同，即㮣字，（《庄子·人间世篇》《大宗师篇》《田子方篇》《管子·轻重戊篇》《荀子·成相篇》《赵策》四）。或作虧（《月令释文》），其本字当即瓤。《集韵》瓤虚宜切，音犠，训"瓠，瓢也"。译为今语则为葫芦瓢。又有㮣㰏㮣三字，当即瓤之别体。

　　《方言》二："蠡，陈楚宋魏之间或谓之箪，或谓之㮣，或谓之瓢。"郭《注》曰："瓠，勺也，今江东通呼为㮣。㮣音羲。"

　　《玉篇·木部》："㮣，杓也。"《一切经音义》

十八：" 南曰瓢檽，蜀人言蠡檽。"

《集韵·五支》："檽，蠡（蠡）也，或作檥。"

陆羽《茶经》引《神异记》："晋永嘉中，余姚人虞洪，入瀑布山采茗，遇一道士。云，吾丹邱子，祁子他日瓯檽之余，乞相遗也。"（案《茶经》曰："檽，木杓也。"又曰："瓢一曰檽杓，剖瓠为之，或刊木为之。"）

《说文·木部》："桸，杓也。"（案《类篇》桸通作檽。）

伏羲字亦有"羲""戲""希"三形。羲戲习见，希则见《路史后纪》二《注》引《风俗通》。（女娲一作女希，见《初学记》九引《帝王世纪》及《史记·补三皇本纪》。）我以为包与戲都是较古的写法。包戲若读为匏瓢（檽檥桸），即今所谓葫芦瓢。但戲古读如乎，与匏音同。若读包戲为匏瓠，其义即为葫芦。既剖的葫芦谓之瓢，未剖的谓之葫芦，古人于二者恐不甚分，看瓠（葫芦）瓢（瓢）上古音全同便知。女娲之娲，《大荒西经》注、《汉书·古今人表》注、《列子·黄帝篇》释文、《广韵》《集韵》皆音瓜。《路史后纪》二注引

《唐文集》称女娲为"庖娲"，以音求之，实即匏瓜。包戲与庖娲，匏瓠与匏瓜皆一语之转。（包戲转为伏希，女娲转为女希，亦可见戲娲二音有可转之道。）然则伏羲与女娲，名虽有二，义实只一。二人本皆谓葫芦的化身，所不同者，仅性别而已。称其阴性的曰"女娲"，犹言"女匏瓠""女伏羲"也。

苗族传说以南瓜为伏羲女娲的第二代。汉族以葫芦（瓜）为伏羲女娲本身，这类亲与子易位，是神话传说中常见的现象，并不足妨碍苗族的伏羲与伏羲妹即汉族的伏羲、女娲。至于为什么以始祖为葫芦的化身，我想是因为瓜类多子，是子孙繁殖的最妙象征，故取以相比拟。《开元占经》六五《石氏中官占》篇引《黄帝占》曰："匏瓜星主后宫。"又曰："瓠瓜星明，则……后宫多子孙，星不明，后失势。"同上引《星官制》曰："匏瓜，天瓜也。性内文明而有子，美尽在内。"《大雅·緜篇》以"緜緜瓜瓞"为"民之初生……"的起兴，用意与此正同。

根据上面的结论，有些零星问题，可以附带地得到解决。

（一）女娲作笙　古代的笙是葫芦做的。《白虎通·礼乐篇》"瓠曰笙。"苗人亦以葫芦为笙，见刘恂《岭表录异》，朱辅《溪蛮丛笑》。女娲本是葫芦的化身，故相传女娲作笙。《礼记·明堂位》"女娲之笙簧"，《注》引《世本》曰"女娲作笙簧"。

（二）伏羲以木德王　葫芦是草木之类，伏羲是葫芦的化身，故曰伏羲木德。曹植《庖牺画赞》"木德风姓"，宋均《春秋内事》"伏羲氏以木德王。"《御览》七八引《帝王世纪》："太昊庖牺氏……首德于木，为百王先。"

据上文伏羲与槃瓠诚属二系，然细加分析，两者仍出同源。"槃瓠"名字中有瓠字，而《魏略》等述虫未化生时复有"妇人盛瓠中，覆之以槃"之语，可见瓠亦为此故事母题之一部分。实则槃即剖匏为之，"槃瓠"犹匏瓠，仍是一语。是"槃瓠"与"包羲"字异而声义同。在初本系一人为二民族共同之祖，同祖故同姓。旧说伏羲、女娲风姓，而《图书集成·畲民调查记》及《狗皇歌》皆有姓槃之说。风从凡声，古作 ⿸，槃从般，古作 ⿰，亦从 ⿸ 声，然则风槃亦一姓也。

卜辞 ⿰ 或省鸟形，直作 ⿸。古器物先有匏，而刳木，编织，陶埴，铸冶次之。⿸ 横置之作 ⿰，⿺ 象剖匏之形，下有 ⿺ 为基址。然则风姓、槃姓，其初皆即匏生耳。

表一

	流传地域与讲述人	童男	童女	家长	仇家	赠遗	洪水	避水	占婚	造人	采集者
1. 湘西苗人故事（一）	湘南凤凰东乡苗人吴文祥述	兄	妹	AY Pégy Koy Péiy	Koy Soy		雷公怒发洪水数十日	兄妹各人黄瓜避水	扔磨石东西分走	生下肉块割弃变人	芮逸夫
2. 湘西苗人故事（二）	凤凰北乡苗人吴良佐述	儿	女	Koy Peny	Koy Soy		雷公发洪水七日七夜	共人葫芦	金鱼老道撮合		芮逸夫
3. 雄父雌母歌	吴良佐抄	兄（伏羲）	妹	张良	Koy Soy		玉皇上帝发洪水七日七夜	共人葫芦	分走东山南山烧香香烟结团	生肉块割开发现十二童男女	芮逸夫
4. 雄神起源歌	湖南乾县城北乡仙镇营苗人石启贵抄	儿	女	禾壁	禾笪		雷公发洪水七日七夜	兄妹共入仙瓜	扔竹片扔磨石	生下怪胎割弃变人	芮逸夫

091

续表

流传地域与讲述人	童男	童女	家长	仇家	赠遗	洪水	避水	占婚	造人	采集者
5. 苗人故事	弟	姊		另一对男女			人木鼓	滚磨抛针抛线	生子如鸡卵切碎变人	Savina, F.M.
6. 黑苗洪水歌	弟（A-Zie）			兄（A-F'O）		雷发洪水	弟人葫芦避水	滚磨扔刀	生子无手足剁弃变人	Clarke, Samuel, R.
7. 八寨黑苗传说	贵州八寨 兄妹邻居		老岩（九蛋中最幼者司地）	雷（九蛋中最长者司天）	兄劝妹种葫芦	雷发洪水	人葫芦	结婚	繁衍人类	吴泽霖
8. 短裙黑苗传说	贵州炉山麻江丹江八寨等县交界处 小弟	幼妹		石蛋中出十二弟兄长害兄被变雷成界上天		小弟害死诸兄雷公发洪水报仇	小弟妹法上天	水退下地与妹相遇结婚	生子无眼形如球切碎变人	吴泽霖

续表

流传地域与讲述人	童男	童女	家长	仇家	赠遗	洪水	避水	占婚	造人	采集者
9. 花苗故事	弟	妹	兄	老妇（从天下降）			弟妹木鼓	扔磨石扔针线	生子无手足割弃变人	Hewitt H.J.
10. 大花苗洪水滔天歌 贵州	二兄（智来）	妹（易明）		大兄（愚皇）		安乐世君发洪水	杉舟	滚磨	生三子	杨汉先
11. 大花苗洪水故事 贵州威宁	弟	妹	兄				木鼓	滚磨穿针 雷公命乐世君指示	生子无腿无臂	
12. 雅雀苗故事 贵州南部	兄（Bu-i，Fu-hsi）	妹（Ku-eh）					人葫芦避水	扔磨石扔树	生二子无手足不复割弃变人	Clarke
13. 生苗故事（一） 贵州	兄	妹			天上老奶种瓜结瓜王可容数十人	大雨成灾洪水尽灭人类	兄妹瓜漂浮上天	天上人教二人下来结为夫妇	吃瓜生瓜儿剖碎变人	陈国钧

续表

	流传地域与讲述人	童男	童女	家长	仇家	赠遗	洪水	避水	占婚	造人	采集者
14. 生苗故事（二）	贵州	长兄（恩—居地）	妹（明—居地）		次兄（雷—居天）		雷发洪水	乘船漂浮上天（以葫芦盛马蜂螫雷）	小虫教二人打伞在山坡相逢如远来的表亲速结为夫妇	生子无四肢如瓜形割弃变人	陈国钧
15. 生苗洪水造人歌	贵州	兄（恩—居地）	妹（媚—居地）		长兄（雷—居天）	雷报媚以瓜子结实如仓大	雷发洪水	乘南瓜漂浮上天	老奶指点	偷吃瓜被老奶责骂 生子无耳目如瓜所碎变人	陈国钧
16. 生苗起源歌（一）	贵州	兄	妹						结婚	生儿无手足割碎变人	陈国钧
17. 生苗起源歌（二）		兄妹由白蛋出生							结婚	生瓜儿切碎变人	陈国钧

续表

流传地域与讲述人	童男	童女	家长	仇家	赠遗	洪水	避水	占婚	造人	采集者
18. 生苗起源歌（三） 贵州	兄妹由飞蛾卵生出			雷公（另一飞蛾卵生出）				兄妹相爱结婚	生南瓜砍碎变人	陈国钧
19. 侗人洪水歌 贵州	兄（伏羲）	妹				洪水来时	将造就的人种放在鼓内			
20. 苗人谱本 广西北部	兄（张良一作姜良）	妹（张妹一作姜妹）	卷氏夫人（生七子女）	雷公雷母	雷公赠仙瓜子	铁雨成灾	兄妹人葫芦避水	太白仙人金龟老道撮合	生肉陀（团）割碎变人	徐松石
21. 偏苗洪水横流歌 广西西隆	兄（伏羲）	妹				洪水	将造就的人种放在鼓内			雷雨

095

续表

流传地域与讲述人	童男	童女	家长	仇家	赠遗	洪水	避水	占婚	造人	采集者
22. 瑶人洪水故事	广西融县罗城	儿（伏羲）	女	父	雷公	雷公赠牙种成葫芦	天发洪水	兄妹入葫芦避水	绕树相追	生肉球割碎变人	常任侠
23. 葫芦晓歌		伏羲					黄卯二年发洪水	人葫芦避水			常任侠
24. 瑶人故事	广西武宣修仁之间	子		神人		赠牙种而生瓠裂为船	洪水	神人率子入坐铁镬浮至天门			常任侠
25. 板瑶五谷歌	广西三江	兄（伏羲）	妹				黄卯二年发洪水	兄妹入葫芦避水	烧香礼拜结为夫妇	置人民	乐嗣炳
26. 板瑶盘王歌	广西象县	兄（伏羲）	妹				洪水七日七夜	人葫芦避水	金龟撮合	生"团乙"	

续表

	流传地域与讲述人	童男	童女	家长	仇家	赠遗	洪水	避水	占婚	造人	采集者
27. 依瑶盘王书中洪水歌	广西都安	兄（伏羲）	妹	蒋家			洪水七日七夜	人葫芦避水	烟火	生血盆王女分之为三十六姓	
28. 盘瑶故事	镇边盘瑶盘有贵述	兄（伏羲）						人飘瓜避水	滚磨石烧烟火看竹枝	散出瓜子瓜瓢反子瓜瓢变男瓜瓢变女	
29. 盘瑶故事	灌阳布坪乡	男孩	女孩	盘王		盘王打落牙齿种牙成瓜	下雨三年六个月	盘王将命小孩坐入	生磨石仔盘王切碎人		
30. 红瑶故事	广西龙胜三百坤红瑶张老老述	兄（姜良）	妹（姜妹）	姜氏大婆（生七女或说六人或说七人）	雷公雷婆	雷公雷婆赠白瓜子	大雨成灾	兄妹瓜花结实二人包在瓜内	看烟柱种竹滚磨绕山走	继续人种	徐松石

续表

流传地域与讲述人	童男	童女	家长	仇家	赠遗	洪水	避水	占婚	造人	采集者
31. 东陇瑶故事 上林东陇瑶蓝蓝年述	伏羲		父别母别		雷公赠牙		乘瓜上浮		生磨石仔无头无尾切碎变猴再变人	陈志良
32. 蓝靛瑶故事 田西蓝靛瑶李秀文述				闪电仙人	仙人赠瓜子	大雨成灾	人瓢瓜避水	烧烟火种竹滚磨	生子无手足头尾切碎变人	陈志良
33. 背笼瑶故事 凌云背笼瑶腊承良述	兄（伏Lin）	妹（羲Cein）				久雨成灾	人瓢瓜避水	滚磨	生肉团无手足面目切碎变人	陈志良
34. 背笼瑶遗传歌 背笼腊承良泽述	兄（伏羲）	妹			自种瓢瓜结实如仓大	皇天降大雨	入瓜内避水	结为夫妇	生磨石儿割碎变人	陈志良
35. 蛮瑶故事 广西东兰蛮瑶瑶候王宽述	兄（伏dn）	妹（羲Ce）				久雨成灾	人大瓮避水	烧烟火滚磨石	生子无手足面目	陈志良

续表

	流传地域与讲述人	童男	童女	家长	仇家	赠遗	洪水	避水	占婚	造人	采集者
36. 独侯瑶故事	都安独侯瑶蒙振彬述	兄（伏羲）	妹				雷电大雨成灾	人瓢瓜避水		生磨石儿劈碎变人	陈志良
37. 西山瑶故事	隆山西山瑶袁秀林述	特斗 驮豆（伏羲）		卜白（居天上司雷雨）	雷王（居地下）	雷王赠牙	雷王下雨发洪水	人葫芦避水	烧烟火	生子无耳目口鼻如磨切碎石变人	陈志良
38. 侬人故事	都安侬人韦武夫述				仙人	仙人赠牙作船发作桨					陈志良
39. 倮倮故事		弟	妹		两兄		洪水发时	弟妹木箱上浮			Vial, Paul
40. 夷人故事	云南寻甸凤仪乡黑夷李忠成,宣威普乡白夷田靖邦述	三弟	美女			白发老人教造木桶	洪水发时	人桶避水	尊老人命与女结婚	生三子是为乾夷黑夷汉人之祖	马学良

续表

流传地域与讲述者	童男	童女	家长	仇家	赠遗	洪水	避水	占婚	造人	采集者
41. 汉河傈僳故事 红河上游汉河丙寨夷人白成章述						洪水中人类灭绝	葫芦从天降下一男一女从中而出			邢庆兰
42. 老兀故事 云南西南边境耿马土司地蚌隆寨	兄	妹				洪水发时	兄妹同入木床避水	结婚	生子欣碎变人	芮逸夫
43. 栗粟故事 耿马土司地大平石头寨	兄	妹				洪水发时	兄妹同入葫芦避水	结婚	生七子	芮逸夫
44. 大凉山傈僳祖传说(一) 西康宁族夷族 乔姆石奇(Gomzazi) 盐源一带称陶姆石嫚(Domzanyo)		天女		天公		天公发洪水毁灭人类	石奇作桐木的避水	青蛙设计要求天女与石奇结婚	生三子	庄学本

续表

	流传地域与讲述人	童男	童女	家长	仇家	赠遗	洪水	避水	占婚	造人	采集者
45．大凉山倮倮故事（二）		兄（乔姆石奇）	妹（天宫仙女）				洪水泛滥	石奇乘桐木舟得救	经众动物设法将妹请下滚磨成婚		庄学本
46．东京蛮族故事		兄（Phu-Hay）	妹（Phu-Hay-Mui）	Chang Lô-Cô			洪水泛滥	兄妹同人南瓜避水	结婚	生南瓜剖瓜得子播种变人	de Laijon-quiere, Lunet
47．巴那（Ba-hnars）故事	交趾支那	兄	妹				洪水泛滥	人大箱避水			Guerlack
48．阿眉（Ami）故事	台湾	兄	妹				洪水泛滥	人木臼避水	结婚	生子传人类	Lshii, Shinji
49．比尔（Bhils）故事	印度中部	兄	妹				洪水泛滥	人木箱避水	结婚	生七男七女	Luard. C.E.

101

表二

避水工具	故事号数	总计	
葫芦（瓠 瓢瓜）	2、3、6、7、12、20、24、25、26、27、28、32、33、36、37、41、43	17	自然物 57.2%
瓜（仙瓜 黄瓜 南瓜）	1、4、13、15、29、30、31、34、46	9	
鼓（木鼓）	5、9、11、19、21、22、23	7	人造器具 41.8%
瓮	25	1	
木桶 木臼 箱	39、40、47、48、49	5	
床	42	1	
舟（桐舟 杉舟）	10、14、38、44、45	5	

表三

	造人素材		故事号数	总计
第一组	物中藏人 葫芦	男女从萌芦中出	41	1
	瓜	男女坐瓜花中结实后	30	1 } 4
		二人包在瓜中	19、21	2
	鼓	造就人类放在鼓内	28	1　1
	人物变人 瓜	瓜子变男瓜瓢变女	28	1　1
	人物生再物变人 瓜	切瓜成片瓜片变人	13、18、42	3 } 4
		播种瓜子瓜子变人	46	1
第二组	生子像物或不成人 形割碎始变成人 像物形	像瓜	8、14、15、16	4
		像鸡卵	5	1
		磨石仔	29、34、36	3
		肉球肉团（陀）肉块	1、3、20、36、33	5 } 24
	不成人形	无手足（腿臂）无头尾无	6、9、11、12、16、	9
		耳目口鼻（面目）	31、32、35、387	1
		怪胎	4	1
		血盆	27	

注释：

[1] 原脱此雷字，今依文义补。

[2]《史记》作"蛟"，误。说详下注。

[3] 下文说高祖"醉卧，武负王媪见其上常有龙"。高祖自己是龙，他母亲也当是龙，《正义》引《陈留风俗传》曰："沛公起兵野战，丧皇妣于黄乡，天下平定，使使者以梓宫招幽魂，于是丹蛇在水，自洒跃入梓宫。"可证刘媪也原是龙。这里刘媪一龙，神一龙，正是二龙。

[4]《庄子·天运篇》作"虫雄鸣于上风，雌鸣于下风而风化"。虫即螣之声转。螣从朕声，侵部，虫冬部，二部古音最近，故章炳麟合为一部。《韩非子·十过篇》"螣蛇伏地"，《事类赋》注十一引螣亦作虫。

[5] 原缺"外"字，依《博物志》二补。

[6] 今本"黑身手足乘两龙"作"珥两青蛇践两青蛇"。此从郭《注》引一本改。

[7] 参看附图。

[8] 王充、郑玄、许慎都以巳为蛇，不误。不但古字乀象蛇形，上古声母巳（*dz—）蛇（*dé—）亦相近。

[9]"劖"原误作"被",从王引之校改。

[10]"循"原误作"修"。

[11]"何"下原衍"故"字,从《御览》三六,《事类赋》注四引删。

[12]"咨時"二字原倒,从段玉裁乙正。

[13]"怀"上原衍"荡荡"二字,从臧琳删。

[14]《广雅·释器》:"漫,涔,桥也。"《天问》问鲧事曰"佥曰可(原误何)忧,何不课而行之",忧即漫字。共工壅水曰桥,鲧壅水曰漫,桥漫字异而义同,可以互证。

[15]徐文靖已疑"滔天"即下文之"浩浩滔天",但仍未解"象恭"二字。

[16]"身长千里"原误作注文四字,从《类聚》七九《楚辞补注》一〇引补。

[17]《海内西经》"窫窳者蛇身人面贰负臣所杀也",此"蛇身人面"四字形容贰负,非形容窫窳。《北山经》说窫窳"如牛而赤身人面马足",《海内南经》说它"龙首",《尔雅·释兽》作猰貐,说是"似貙虎爪",可见窫窳不是蛇身。

104

第二章　龙　凤

　　前些时接到一个新兴刊物负责人一封征稿的信，最使我发生兴味的是那刊物的新颖命名——"龙凤"，虽则照那篇《缘起》看，聪明的主编者自己似乎并未了解这两字中丰富而深邃的含义。无疑的他是被这两个字的奇异的光艳所吸引，他迷惑于那蛇皮的夺目的色彩，却没理会蛇齿中埋伏着的毒素，他全然不知道在玩弄色彩时，自己是在与毒素同谋。

　　就最早的意义说，龙与凤代表着我们古代民族中最基本的两个单元——夏民族与殷民族，因为在"鲧死……化为黄龙，是用出禹"和"天命玄鸟（即凤），降而生商"两个神话中，我们依稀看出，龙是原始夏人的图腾，凤是原始殷人的图腾（我说原始夏人和原始殷人，因为历史上夏殷两个朝代，已经离开图腾文化时期很远，而所谓图腾者，乃是远在夏代和殷代以前的夏人和殷人的一种制度兼信仰），因之把龙凤当作我们民族发祥和文化肇端的象征，可说是再恰当没有了。若有人愿意专就这点着眼，而想借"龙凤"二字来提高民族意识和情绪，那倒无可厚非。可惜这层历史社会学的意义在一般中国人心目中并不存在，而"龙凤"给一般人所引起的联想则分明是另一种东西。

图腾式的民族社会早已变成了国家，而封建王国又早已变成了大一统的帝国，这时一个图腾生物已经不是全体族员的共同祖先，而只是最高统治者一姓的祖先，所以我们记忆中的龙凤，只是帝王与后妃的符瑞，和他们及她们宫室舆服的装饰"母题"，一言以蔽之，它们只是"帝德"与"天威"的标记。有了一姓，便对待的产生了百姓，一姓的尊荣，便天然的决定了百姓的苦难。你记得复辟与龙旗的不可分离性，你便会原谅我看见"龙凤"二字而不禁怵目惊心的苦衷了。我是不同意于"天王圣明，臣罪当诛"的。

《缘起》中也提到过"龙凤"二字在文化思想方面的象征意义，他指出了文献中以龙比老子的故事，却忘了一副天生巧对的下联，那便是以凤比孔子的故事。可巧故事都见于《庄子》一书里。《天运篇》说孔子见过老聃后，发呆了三天说不出话，弟子们问他给老聃讲了些什么，他说："吾乃今于是乎见龙——龙合而成体，散而成章，乘云气而养（翔）乎阴阳，予口张而不能嚼，舌举而不能讯，[1]予又何规老聃哉！"这是常用的典故（也就是许多姓李的楹联中所谓"犹龙世泽"的来历）。至于以凤比孔子的典故，也近在眼前，不知为什么从未成为词章家"獭祭"的资料，孔子到了楚国，著名的疯子接舆所唱的那充满讽刺性的歌儿——

凤兮凤兮！何如（汝）德之衰也！来世不可待！往世不可追也！……

不但见于《庄子》（《人间世篇》），还见于《论语》（《微子篇》）。是以前读死书的人不大认识字，不知道"如"

是"汝"的假借，因而没弄清话中的意思吗？可是汉石经《论语》"如"作"而"，"而"字本也训"汝"，那么歌词的喻意，至少汉人是懂得。另一个也许更有趣的以凤比孔子的出典，见于唐宋《类书》[2]所引的一段《庄子》佚文：

老子见孔子从弟子五人，问曰："前[3]为谁？"对曰："子路，勇且力。[4]其次子贡为智，曾子为孝，颜回为仁，子张为武。"老子叹曰："吾闻南方有鸟，其名为凤……凤鸟之文，戴圣婴仁。右智左贤……"

这里以凤比孔子，似乎更明显。尤其有趣的是，那次孔子称老子为龙，这次是老子回敬孔子，比他作凤，龙凤是天生的一对，孔老也是天生的一对，而话又出自彼的此口中，典则同见《庄子》。你说这天生巧对是庄子巧思的创造，意匠的游戏——又是他老先生的"谬悠之说，荒唐之言，无端崖之辞"吗？也不尽然。前面说过原始殷人是以凤为图腾的，而孔子是殷人之后，我们尤其熟习。

老子是楚人，向来无异词，楚是祝融六姓中芈姓季连之后，而祝融据近人的说法，就是那"人面龙身而无足"的烛龙，然则原始楚人也当是一个龙图腾的团族。以老子为龙，孔子为凤，可能是庄子的寓言，但寓言的产生也该有着一种素地，民俗学的素地。（这可以《庄子》书中许多其它的寓言为证。）其实凤是殷人的象征，孔子是殷人的后裔。呼孔子为凤，无异称他为殷人，龙是夏人的，也是楚人的象征，说老子是龙，等于说他是楚人，或夏人的本家。中国最古的民族单元不外夏殷，最典型的中国式而最有支配势力的思想家莫如孔老，刊物命名为"龙凤"，不仅象征了民族，也象征了最能代表民族气质的思想家，这从某种观点看，不能不说是中国有刊物以来最漂亮的名字了！

然而，还是庄子的道理，"腐臭复化为神奇，神奇复化为腐臭"——从另一种观点看，最漂亮的说不定也就是最丑恶的。我们在上文说过，图腾式的民族社会早已变成了国家，而封建的王国又早已变成了大一统的帝国，在我们今天的记忆中，龙凤只是"帝德"与"天威"的标记而已。现在从这角度来打量孔老，恕我只能看见一位"申申如也，夭夭如也"而谄上骄下的司寇，和一位以"大巧若拙"的手段"助纣为虐"的柱下史（五千言本也是"君人南面之术"），有时两个身影叠成一个，便又幻出忽而"内老外儒"，忽而"外老内儒"，种种的奇形怪状。要晓得这条"见首不见尾"的阴谋家——龙，这只"戴圣婴仁"的伪君子——凤，或二者的混合体，和那象征着"帝德""天威"的龙凤，是不可须臾离的，有了主子，就用得着奴才，有了奴才，也必然会捧出一个主子，帝王与士大夫是相依为命的。主子的淫威和奴才的恶毒——暴发户与破落户双重势力的结合，压得人民半死不活。三千年惨痛的记忆，教我们面对这意味深长的"龙凤"二字，怎能不怵目惊心呢！

事实上，生物界只有穷凶极恶而诡计多端的蛇，和受人豢养，替人帮闲，而终不免被人宰割的鸡，哪有什么龙和凤呢？科学来了，神话该退位了。办刊物的人也得当心，再不得要让"死的拉住活的"了！

要不然，万一非给这民族选定一个象征性的生物不可，那就还是狮子罢，我说还是那能够怒吼的狮子罢，如其它不再太贪睡的话。

注释：

[１] 以上六字从江南古藏本补。

[２]《艺文类聚》九〇,《太平御览》九一五。

[３]《类聚》脱"前"字，依《御览》补。

[４]《类聚》作"子路为勇"，此从《御览》。

第三章　姜嫄履大人迹考

周初人传其先祖感生之故事曰：

> 厥初生民，时维姜嫄，生民如何？克禋克祀，以弗无子，履帝武敏歆，攸介攸止，载震载夙，载生载育，时维后稷。(《诗·大雅·生民》)

武，各家皆训迹，敏，《尔雅》训拇，谓足大趾，然"武敏"双声，疑系连语，总谓足迹耳。歆，各家多读为欣，训喜，[1]疑字本作喜，祀子喜止四字为韵。"克禋克祀，以弗无子"，弗读为祓，毛、郑皆以为祀郊禖之祭，《御览》一三五引《春秋元命苞》"周本姜嫄，游闷宫，其地扶桑，履大迹，生后稷",闷宫即祶宫,说与毛、郑同。上云禋祀,下云履迹,是履迹乃祭祀仪式之一部分,疑即一种象征的舞蹈。所谓"帝"实即代表上帝之神尸。神尸舞于前,姜嫄尾随其后,践神尸之迹而舞,其事可乐,故曰"履帝武敏歆",犹言与尸伴舞而心甚悦喜也。"攸介攸止",介,林义光读为愒,息也,至确。盖舞毕而相携止息于幽闲之处,因而有孕也。《论衡·吉验篇》:

> 后稷之时,履大人迹,或言衣帝喾衣,坐息帝喾之处,有妊。

此说当有所本。帝喾与衣,说并详后,其云"坐息帝喾之处",则与《诗》"攸介攸止"合,此可证息为与帝同息,犹前此之舞亦与帝同舞也。

关于履迹事,汉人尚有一异说,亦可注意。《尔雅·释训》"履帝武敏",《释文》引舍人本敏作畞,注云:

> 古者姜嫄履天帝之迹于畎畞之中,而生后稷。

如舍人说，则"履帝武敏歆"为"践帝之迹于畎畝之中而欣喜"，于文略嫌晦涩，似仍不若以"武敏"为连语，义较明畅。然畎畝与后稷之关系则至明显，舍人此说，要亦不为无因。窃意履迹确系在畎畝中，但不必破敏字为畝耳。此可以畤之沿革及形制证之。

《史记·封禅书》言"自禹兴而修社祀，后稷稼穑，故有稷祠"，下即历叙秦以来所作诸畤，计有：

> 秦襄公作西畤，祭白帝；
> 文公作鄜畤，祭白帝（白当为青，详下。）；
> 宣公作密畤，祭青帝；
> 灵公作吴阳上畤，祭黄帝，作下畤，祭炎帝；
> 献公作畦畤，祭白帝；
> 汉高祖作北畤，祭黑帝。

是畤本社稷之变相，盖稷出于社，畤又出于稷也。《史记》又曰：

116

自未作鄜畤也，而雍旁故有吴阳武畤，雍东有好畤，皆废无祠。或曰自古雍州积高，神明之隩，故立畤郊上帝，诸神祠皆聚云。盖黄帝时尝用事，虽晚周时亦郊焉。其语不经见，搢绅者不道。

云"其语不经见，搢绅者不道"，是史公审慎处。实则畤之起源甚早，了无可疑。既云"虽晚周时亦郊"，则武畤、好畤即周人所立。畤出于稷，本系周物，雍为周地，故群畤聚焉，非以其积高为神明隩故也。平王东迁，始封秦襄公为诸侯，赐之岐以西地，襄公始国而作西畤。畤本周人郊天配后稷之处，秦未列侯前，不得郊天，即不得有畤。秦之有畤，以有周地而修周故事，犹后此汉代秦祚，复因秦故事以立畤也。虽然，秦立国后，郊天则可，立畤则不可。何以言之？汉人传畦畤形"如种韭畦"[2]，然畤字从田，疑凡畤皆然，不但畦畤。"如种韭畦"即田畤之状，周祖后稷教稼穑，故祭之之坛如此；秦虽郊天，不当以周人之祖配食，焉用为坛如田畤之状哉？晚周礼乐废弛，立畤郊天，

118

但存仪式，而意义全失，秦人不察，辄承其制，不为典要矣。要之，畤本周人旧俗，周人郊天，以后稷配享，而后稷始教稼穑者，故祭之之处，设畤以象田畴焉。汉人所传秦时畦畤在人先祠下[3]，秦承周制，是周诸畤所在之祠宜亦有"人先"之名。坛状如田畤而祠名"人先"，非后稷而谁？故曰畤出于稷也。如周人郊天配稷，以畤为坛，则舍人说"履帝武敏"为"履天帝之迹于畎畝之中"，果不为无因，而余所疑履迹为祭礼中一种象征的舞蹈，其所象者殆亦即耕种之事矣。古耕以足踏耜，其更早无耜时，当直以足践土，所谓畯是也。《公羊传·宣六年》注："以足蹴曰踆。"《续汉书·郡国志》注引《博物志》："东阳县多麋，十千为群，掘食草根，其处成泥，名曰麋畯。"畯之言踆也，以足践而耕之曰畯，麋畯犹言麋耕耳。履帝迹于畎畝中，盖即象征畯田之舞，帝（神尸）导于前，姜嫄从后，相与践踏于畎畝之中，以象耕田也。

　　周祖后稷，字当作畟，稷乃谷之类名。《说文》"畟，治稼畟畟进也"，畟当从田从夋省，畟畯一声之转，本为一字。周人称其田神曰田畯，实即后稷也。传言弃为帝

119

誉子，帝誉者一曰帝俊，俊亦与畯同。古周字从田，而周畴音复同，周盖即田畴本字。天神曰俊，田神曰畯，先祖曰后稷，氏曰有周，义皆一贯，然则郊祀而有象耕之舞，又何疑哉？

《论衡》云"衣帝誉衣"，帝誉即帝俊，为周人之上帝，说已详上，衣者，《周颂·丝衣》序："《丝衣》绎宾尸也，高子曰灵星之尸也。"《通典》礼四引刘向《五经通义》："灵星为立尸，故曰'丝衣其纻，会弁俅俅。'传言王者祭灵星，公尸所服之衣也。"说者谓高子即《孟子》所载论《小弁》诗之高子，是其人生于战国，而灵星亦当为周时祀典，故《论衡·明雩篇》曰："今有灵星，古昔之礼也。"《史记·封禅书》曰：

汉兴八年，或曰周兴而邑郏，立后稷之祠，至今血食天下，于是高祖制诏御史，其令郡国县立灵星祠，当以岁时祠以牛。

《续汉书·礼仪志》曰："言祠后稷而谓之灵星者，以后稷又配食灵星也。"是灵星亦周郊祀之异名。祠灵星，公尸衣丝衣，载会弁，以象天帝，是姜嫄衣帝喾衣，即衣尸衣，衣尸衣而坐息于尸处，盖即"攸介攸止"时行夫妇事之象征，此或据晚世之制言之，其事虽与古异，其意则同也。

以上专就《生民》诗为说。诗所纪既为祭时所奏之象征舞，则其间情节，去其本事之真相已远，自不待言。以意逆之，当时实情，只是耕时与人野合而有身，后人讳言野合，则曰履人之迹，更欲神异其事，乃曰履帝迹耳。

"履帝武敏"之解释，既如上述，请进而论此事与姬姓之关系。

《左传·隐八年》众仲曰："天子建德，因生以赐姓，胙之土而命之氏。"此释姓氏二字之义最晰。考氏即古地字，如云"有周氏"即保有周地之人，故曰"胙之土而命之氏"；姓生一字，某姓即某所生，故曰"因生以赐姓"。传说修已吞薏苡而生禹，故禹为姒姓，简狄吞燕卵而生契，故契为子姓，姜嫄履大人迹而生弃，故弃为姬姓。苡姒例为同字，姒姓者犹言苡所生也，卵一曰子，[4]子姓者犹言卵所生也，此皆易晓。独迹姬字形字义，了不相涉，履大人迹而姬姓，其故难详，故王充疑其非实。其言曰：

> 失意之道，还反其字。苍颉作书，与事相连。姜
> 嫄履大人迹，迹者基也，姓当为"其"下"土"，乃其
> "女"旁"臣"，非基迹之字，不合本事，疑非实也。(《论
> 衡·奇怪篇》)

案王说非是。姬字从臣，臣古颐字，颚骨也。古语臣齿通
称（详《说臣》），齿从止声，故臣声字或变从止。（一）《尔
雅·释草》"蘄茝，蘪芜"，樊光本茝作芷。《礼记·内则》
"妇或赐之茝兰"，《释文》本茝又作芷，《名医别录》"白芷
一名白茝"。（二）《玉篇》赜亦颐字。案《易·系辞上传》
"圣人有以见天下之赜"，依文义，赜当为蹟，从足与从止同。
（三）《字汇补》有蹎字，音义与赜同，当即赜之别构。《隶释》
汉碑颐作蹟，从正亦与从止同。以上列三事例之，则姬亦
可作姃。汉碑姬作姃，从正与从止同，是其确证。止为趾
本字，古通称足为止，足迹亦为止。姬从臣犹从止，是姬
姓犹言足迹所生矣。王氏拘于字形，不知求之于声，因疑

122

乎周初以来所不以为疑者，而斥为“不合本事”，不亦诬乎？且王氏知迹训基。而不知姬基音同，音同则义同，故姬亦可训基。《广雅·释言》：“姬，基也。”《史记·三代世家》褚先生曰：“姬者，本也。”本亦基也。王氏训诂逊褚、张辈远远矣[5]。又《说文》𦣝古文作𨸏[6]，《书·顾命》“夹两阶𨸏”，《西京赋》“金阶玉𨸏”，𨸏即基字，《公羊传·庄十三年》注“土基三尺土阶三等曰坛”，阶𨸏即阶基。墙之基址谓之𦣝，齿之基止谓之颐，足所基止处谓之𧿒，其义一也。𧿒蹟一字，说具上文，而蹟于许书又为迹之重文，然则谓“姬之为言𧿒也，𧿒蹟迹一字，故履迹而生即得姬姓”亦无不可。王氏必执女旁姬之字与迹无涉，岂其然乎？

复考旧传古帝王感生之事，由于履迹者，后稷而外，惟有伏羲。

《御览》七八引《孝经钩命决》：“华胥履迹，怪生皇牺”；

同上引《诗含神雾》：“大迹出雷泽，华胥履之，生宓牺”；

《山海经·海内东经》引《河图》："大迹出（各本误在）雷泽，华胥履之而生伏牺"；

《潜夫论·五德志篇》："大人迹出雷泽，华胥履之，生伏羲。"

余尝疑伏羲为犬戎之祖，犬戎与周或本同族，故传言伏羲画八卦，文王演之，而《易》称《周易》。今复得此证，益信前说之不谬。《乐记》疏引《孝经钩命决》曰："伏羲乐为立基。"立大古字通，基者迹也，立基即大迹耳。立基为伏羲乐名，正"履帝武敏"为舞之比。《封禅书》"秦宣公作密畤于渭南，祭青帝"，伏羲字或作宓若虙，密宓虙一字，密畤即伏羲之畤，故曰青帝也。《封禅书》又曰："德公……用三百牢于鄜畤，作伏祠，磔狗邑四门以御蛊菑。"鄜伏音近，鄜畤亦伏羲之畤，伏祠即伏羲之祠，因知上文云文公作鄜畤，祭白帝，白实青之误。伏字从犬，伏羲、盘古、槃瓠本一人，传说槃瓠为犬，与此祭伏祠，磔狗以御蛊菑亦合。盖平王受逼于犬戎而东迁，秦襄公逐犬戎，收周故地，因受封焉，秦立伏羲之畤，因犬戎之神而祭之也。伏羲履迹而生，后稷亦履迹而生，事为同例，然则秦因犬戎之俗祭伏羲于畤，亦周祭后稷于畤之比矣。[7]

二十九年一月九日，晋宁

注释：

[1]《史记·周本纪》"心忻然悦欲践之"，《列女传》一《弃母姜传》"行见巨人迹，好而履之"，《吴越春秋》一"中心欢然喜其形像，因履而践之"，《诗》郑《笺》"履其拇指之处，心体歆歆然。"

[2]《史记·封禅书》"献公……作畦畤栎阳而祀白帝"，《集解》引晋灼曰："汉注，在陇西西县人先祠下，形如种韭畦，畦各一土封。"《索隐》引《汉旧仪》："祭人先于陇西西县人先山，山上皆有土人，山下有畤，如种韭畦，畤中各有二土封，故云畦畤。"

[3] 同上。

[4]《白虎通·姓名篇》引《尚书·刑德放》"殷姓子氏，祖以玄鸟子生也"，《史记·五帝纪》索隐引《礼纬》"契姓玉氏者，亦以其母吞乙子而生"（各本子生二字互倒，从

《殷本纪正义》引乙正),《月令》疏引《郑志》焦乔答王权"娀简吞凤子之后,后王[以](从段玉裁补)为媒官嘉祥"。凡此称子犹他书称卵也,今俗语犹曰鸡子鱼子。

[5]《字典》引《同文备考》"奼古姬字",不知出何书。案《说文》"丌,下基也",丌实基之本字。姬一作奼,此褚、张说之佳证。

[6]臣户金文二形相近,卺实卺之形误。许以卺为古文,清儒复疑从户为石之讹,皆非。

[7]关于伏羲与犬戎、犬戎与周之渊源,余将别为文论之,本篇姑发其凡,不能详也。

第四章　高唐神女传说之分析
（附 补记）

一、《候人》诗释义

要想明白这位神女的底蕴，唯一的捷径恐怕还是从一个较迂远的距离——《诗经·曹风》的《候人篇》出发。从《候人》诗到《高唐赋》是一个大弯子，然而这趟路程无法缩短。

《候人》是怎么一回事呢？《序》曰："刺近小人也，共公远君子而近小人焉。"朱子说："此诗但以'三百赤芾'合于左氏所记晋侯入曹之事，序遂以为共公，未知然否。"这句"未知然否"太客气了。我认为不但共公与诗无关，连那所谓"近小人"也是谎话。"远君子"则又是谎话中的废话。一个少女派人去迎接她所私恋的人，没有迎着。诗中大意如此而已。若要摹仿作序者的腔调，我们便应当说"《候人》刺淫女也"，理由可以分作三点来陈述。

《候人》三章曰：

维鹈在梁，不濡其味——彼其之子，不遂其媾。

在《国风》里男女间往往用鱼来比喻他或她的对方。例如：

岂其食鱼，必河之鲂？岂其取妻，必齐之姜？（《陈风·衡门》）

是以鱼比女人。又如：

鱼网之设，鸿[1]则罹之——燕婉之求，得此戚施。（《邶风·新台》）

九罭之鱼鳟鲂——我觏之子，衮衣绣裳。（《幽

风·九罭》)

敝笱在梁，其鱼鲂鳏——齐子归止，其从如云。
（《齐风·敝笱》）

鲂鱼赪尾，王室如燬。（《周南·汝坟》）

全是以鱼比男人。此外若：

籊籊竹竿，以钓于淇——岂不尔思？远莫致之。
（《卫风·竹竿》）

其钓维何？维丝伊缗——齐侯之子，平王之孙。
（《召南·何彼襛矣》）

虽不露出鱼字，而意中皆有鱼。《候人》的"维鹈在梁，不濡其咮"，正属于这一例。鹈即鹈鹕，是一种捕鱼的鸟。[2] 鹈在梁上，不濡其咮，当然没有捕着鱼。诗的意思是以鹈不得鱼比女子没得着男人，所以下文说"彼其之子，不遂其媾"。

《候人》四章曰：

荟兮蔚兮，南山朝隮——婉兮娈兮，季女斯饥。

朝隮是后话。目前我们要检验的是这"饥"字。解诗者因为昧于古人的语言中照样的也有成语，往往把一句诗照字面硬讲去，因而闹出笑话来，这里的"季女斯饥"便是一个例。说遇着荒年，最遭殃的莫过于少女，因为女弱于男，禁不起挨饿，而少女尤甚。天下有这样奥妙的道理吗？其实称男女大欲不遂为"朝饥"，或简称"饥"，是古代的成语。在《国风》称"朝饥"的有：

未见君子，惄如调饥。(《周南·汝坟》)

"惄如"当读为惄然，"调饥"即朝饥。下文曰"鲂鱼赪尾"，鱼是比男子的，前面讲过了。《左传·哀十七年》："卫侯贞卜其繇曰：'如鱼窥尾，衡流而方羊。'"疏引郑众说曰："鱼肥[3]则尾赤，方羊游戏，喻卫侯淫纵。"拿郑众解《左传》的话来和《汝坟》相参证，则朝饥的饥自然指情欲，不指腹欲。称"饥"的则有：

泌之洋洋，可以乐饥。（《陈风·衡门》）

乐郑作疧，鲁韩并作疗。下文曰："岂其食鱼，必河之鲂？岂其取妻，必齐之姜？"洋洋的泌水，其中多鱼，故可以疗饥。但下文又以食鱼比取妻，则疗饥的真谛还是以疗情欲的饥为妥。既以"饥"或"朝饥"代表情欲未遂，则说到遂欲的行为，他们所用的术语，自然是对"饥"言之则曰"食"，对"朝饥"言之则曰"朝食"了。称"朝食"的例如：

乘我乘驹，朝食于株。（《陈风·株林》）

这诗的本事是灵公淫于夏姬，古今无异说。我以为"朝食"二字即指通淫。《楚辞·天问》里有很好的证据。屈原问禹娶涂山事曰：

禹之力献功，降省下土四方，焉得彼嵞山女，而通之于台桑？闳妃匹合，厥身是继，胡维嗜欲同味，而快鼌饱？

饱与继不押韵，当为饲之误。朝鼌古今字，饲与食通，鼌饲即朝食[4]。上文曰"通之于台桑"，下文曰"快朝食"，语气一贯。王逸《注》曰："何特与众人同嗜欲，苟欲饱快一朝之情乎？"虽据误字为说，但不曰饱腹而曰饱情，却抓着屈原的意思了。屈原用"朝食"二字，意指通淫，则诗中"朝食"的意义可以类推了。正如朝饥可省为饥，朝食也可省为食。

彼狡童兮，不与我食兮，维子之故，使我不能息兮。（《郑风·狡童》）

息即《葛生》"予美亡此，谁与独息"，《北山》"或息偃在床"之息，所以"不能息"与一章的"不能餐"对举。"不能息"既是不能寝息，则上文"不与我食"便非认为一种隐语不可了。食字的这种用法到汉朝还流行着。

132

《汉书·外戚传》:"房与宫对食。"《注》载应劭说曰:"宫人自相与为夫妇名对食[5]。"

这是古人称性交为食的铁证。因而我想把男女的私事很天真的放在口头上讲,只有六朝乐府在这一点上,还保存着古风,所以《子夜歌》:

谁能思不歌?谁能饥不食?日冥当户倚,惆怅底不忆?

的"饥""食"似乎也含有某种特殊意义,可与《诗经》《楚辞》《汉书》互证。总之,《候人》"季女斯饥",由上面各证例看来,当指情欲之饥,是无可疑的。

再把《诗经》中称"鱼"与称"饥"的例合起来看,《汝坟》曰"惄如朝饥",又曰"鲂鱼赪尾",《衡门》曰"可以乐饥",又曰"岂其食鱼"。鱼既是男女互称其配偶的比喻,则为鱼而饥即等于为配偶而饥。试想这饥字若果指口腹之

133

欲而言，那不吓坏人吗？不必追究了。这已经太不成话了。要紧的是记住《候人》也是提到"饥"，又变相的提到"鱼"的，因此那"饥"字也是断断不容有第二种解释的。

以上将本篇中鹈不得鱼的比喻及饥字的含义说明了，意在证明《候人》的曹女是在青春的成熟期中，为一种迫切的要求所驱使，不能自禁，因而犯着伦教的严限，派人去迎候了她所不当迎候的人。这从某种观点看来，是不妨称为淫女的。这是第一点。

《鄘风·蝃蝀》篇，《毛序》说是"刺奔女"。《诗》曰"朝隮于西，崇朝其雨"，这与《候人》的"荟兮蔚兮，南山朝隮"原是一回事，理由看下文自明。《蝃蝀》又曰："乃如之人兮，怀婚姻也，大无信也，不知命也。"《候人》曰："婉兮娈兮，季女斯饥。""怀昏姻"犹之乎《野有死麕》的"怀春"，也与上文所解的"饥"字义相合。由以上两点可以决定《候人》与《蝃蝀》二诗性质大致相同。因而《蝃蝀》的女子是奔女，《候人》的女子也必与她同类了。这是第二点。

《吕氏春秋·音初篇》曰：

禹行功，见涂山之女。禹未之遇而巡省南土。涂山氏之女乃命其妾待禹于涂山之阳，女乃作歌，歌曰"候人兮猗！"实始作为南音。

《楚辞·天问》述这故事颇有微词。原文上面已经引过。为对照的便利计，我们再录一遍。

禹之力献功，降省下土四方，焉得彼嵞山女，而通之于台桑？闵妃匹合，厥身是继，胡维嗜欲同味，而快鼋饱（饲）？

曰"通"曰"鼋饲"，都是带褒贬的字眼，这是上文已经证明过的。就全段文字的语气看，屈原的意思也是说禹与涂山氏的结合不大正经。这意见虽不合于传统观念中那位圣王的身份，但并不足怪，因为屈原是生在许多传统观念尚未凝固以前。《吕氏春秋·当务篇》曰："尧有不慈之名，舜有不孝之行，禹有淫湎之意，汤武有放杀之事。"
《庄子·盗跖篇》曰："尧不慈，舜不孝，禹偏枯，汤放
其主，武王伐纣。"马叙伦说"偏枯"是"淫湎"之误，
是很对的。[6]《吕览》《庄子》与屈原的态度一致，确
乎代表一部分较老实的、不负托古改制的使命的先秦人对
于古事的观念。但是据《音初篇》，本是涂山氏追求禹，
所以我想淫湎的罪名与其加在禹身上，不如加在涂山氏身
上较为公允。明白了这一点，则《音初篇》所载的古《候
人歌》和《曹风·候人》间的关系便很显著了。曹女因
"饥"而候一个人，涂山氏为"快鼌饲"而候禹，候人的
动机同，此其一。曹女派"三百赤芾"的"候人"去候他
的男子，涂山氏令其妾去候禹，候的方法也同，此其二。
曹女与涂山氏的情事如此的肖似，所以诗人即用旧传《候
人歌》的典故来咏曹女。以古《候人歌》证曹《候人》
诗。涂山氏的行为既有招物议的余地，则曹女的行为可以
想见了。这是第三点。

　　以上用《候人》的本文，《鄘风·蝃蝀篇》，以及古《候
人歌》的本事，分别将《曹风·候人篇》的性质阐明了。

现在我们才可以拿它和《高唐赋》比较。

二、《候人》诗与《高唐赋》

《文选》江文通《杂体诗》注引《宋玉集》曰：

> 楚襄王与宋玉游于云梦之野。望朝云之馆，有气焉，须臾之间，变化无穷，王问是何气也。玉对曰："昔先王游于高唐，怠而昼寝，梦见一妇人，自云：'我帝之季女，名曰瑶姬，未行而亡，封于巫山之台。闻王来游，愿荐枕席。'王因幸之。去乃言：'妾在巫山之阳，高邱之岨，旦为朝云，暮为行雨，朝朝暮暮，阳台之下。'旦而视之，果如其言。为之立馆，名曰朝云。"

这是《宋玉集》中的《高唐赋》所叙的情节，比《文选》上载的《高唐赋》较详。[7]拿这和《候人》诗相较，消息相通之处很多。举其荦荦大者：（一）诗曰季女，赋亦曰季女。[8]（二）诗曰"季女斯饥"，赋曰"愿荐枕席"。（三）

诗曰朝隮，赋曰朝云，而《传》《笺》皆训隮为云，则朝隮即朝云。（四）诗的朝隮在南山，赋的朝云在巫山。（五）据《蝃蝀》"朝隮于西，崇朝其雨"，知《候人》的朝隮也能致雨，[9]诗之朝隮既能致雨，则赋曰"朝为行云，暮为行雨"，亦与诗合。诗与赋相通之处这样多，我的解释如此。《候人》的"朝隮"与下文"季女"，是一而二，二而一，犹之乎《高唐赋》的朝云便是帝之季女，南山朝隮与巫山朝云都是神话的人物，赋中"须臾之间变化无穷"的朝云是一个女子的化身，诗中"荟兮蔚兮"[10]的朝隮也是一个女子的化身。因此《候人》末章四句全是用典，用一个古代神话的典故来咏那曹女。惟其是用典，所以乍看不大容易摸着头绪。但是，因为朝隮与朝云两个神话本是一个（起码也有着共同的来源），所以诗意义若嫌朦胧，拿赋来比照一下，便立刻明朗了，反之，赋中若有了疑滞，也可借诗来解决。

总之，朝隮与朝云的关系非常密切，密切到几乎融为一体，下面还有更详细的论证。

三、释 阶

《蝃蝀》《候人》两诗及《高唐赋》所提到的，有蝃蝀，有阶，有气，有云。这些名词不能不加以剖析。蝃蝀即虹，虹又名蜺，这是我们早晓得的。但古人每以"云蜺"连称，如《孟子·梁惠王下篇》"如大旱之望云霓"，《离骚》"帅云霓而来御"，"扬云霓之晻蔼兮"（霓与蜺同），可知他们认为云蜺是一物了。古人又以"虹气""云气"连称，如《蝃蝀》传"夫妇过礼则虹气盛"，《文选·高唐赋》"其上独有云气"及《庄子·逍遥游篇》"乘云气，负青天"，则对于虹与云与气之间，他们都不加区别了。[11]蝃蝀（虹）云气的问题已经解决了。然则阶是什么呢？有以为阶是气的：

《蝃蝀》传曰："阶，升［气］[12]也。"《笺》曰："朝有升气于西方"；

《周礼·眂祲》先郑《注》曰："阶，升气也。"；

《古微书》引《春秋感精符》宋均《注》曰："阶谓晕气也。"

140

有以为是云的：

　　《候人传》曰："陑，升云也。"《笺》曰："荟蔚
之小云升于南山。"李氏《易传》二引《需卦》荀爽《注》
曰："云上升极则降而为雨，故《诗》云'朝陑于西，
崇朝其雨。'"

又有以为是虹的：

　　《周礼·眡祲》后郑《注》曰："陑，虹也。"

陑可训气，可训云，又可训虹，这在一方面坐实了我前面
所说的虹、云、气古人不分，在另一方面又证明了虹、云、
气与陑原来也是互相通用的名词。

　　但是为什么叫"陑"呢？是因为陑之本义为升，而云
气能上升，故称云气为陑吗？然而云气可曰升，虹亦可曰
升吗？何以古人又称虹为陑呢？我以为诸家中，只有后郑

训《周礼》的陈为虹，宋均训《春秋感精符》的陈为晕气，是切当的，其余或曰升气，或曰升云，都不免望文生义。原来这陈字是个假借字，所以它的意义和训升的陈绝对无关。何以知其然呢？《周礼》故书陈作资。作资，我想确乎比作陈近古些。因为资字从次，次字则无论在形或义上都可以与虹云气连贯得上，陈字便毫无这样的可能了。

《说文》次之古文作𦬙。朱骏声曰："本为茨之古文，象茅盖屋次第之形。"案𦬙确当为茨之古文，但字似当作𦱊，上半的卄是艸的讹变。茨盖义同，[13]古玺文"盖遂"字作𧯼[14]从𧰼似即茨之古文𦬙的微变。古文茨作𦬙则古文次必有作𦩻的了[15]。𦩻正象虹蜺的采色相比次之形，所以古人便称虹为次。《周礼》故书写作资，还不失命名之义，其他诸书均作陈，声虽没变，形义可远了去了。

再看次字的结体：

𣲚卜辞[16]𤕭次炉王子婴𤕭（反文）其次句鑃𣲚（脊字偏旁）陈侯因𦵩锋𣲚小篆

142

卜辞象人张口吐气之形，右面的（即反旡字）象人张口，左面的即代表气。次之的本意既如此，所以小篆改象张口形之为象气形，亦即反（气）字之。旡与气义既相通，则气之别搆作炁，实与金甲文相符合，不得认为俗体了。次字依金甲文从反旡，则与炁相通，依小篆从则与气（氣）相通，可知次字本来就有气的意思。《周礼》故书隮作资，而资所从的次有气义，则毛公、二郑及宋均皆以气释隮字，必是有来历的。但毛公、郑众承用古训，知其然未必知其所以然，因为看他们都训隮为升气，大概是一壁沿用了古训，一壁又读隮如字而训为升，合拢来便成为升气了。

总之，隮之本字当作资，资又是次的借字。次字若依古文作，则正象虹之形，若依金甲文及小篆，则含有气义。由前说，隮即虹，由后说，隮即气，而云也是气之一种，则隮也可以说即是云了。隮之与云，名异而实同，则毛公、郑玄、荀爽等皆释隮为云，固然不错，而我说诗之朝隮即赋之朝云，也就更有根据了。

以上就字的形义说，资（隮）与虹的关系已经够密切的了。若就字音说，关系还要密切。因为虹蜺是一物，而资与蜺古音同，资是蜺的假借字。

《说文》霓从兒声，次从二声，兒与二同音，则霓与次古音亦同。霓与次音理可通，还可从与这两字的声类相近的字中找到不少的旁证。属于谐声的，例如：（一）癡从疑声，（二）耻从耳声，（三）昺从耳声，（四）耻从耳声，（五）尼从匕声。以上疑耳尼与兒声近；癡耻昺耻匕与次声相近。属于名物训诂的，例如：（一）《书·舜典》郑注"能，咨也"；（二）《说文》"姿，态也"，态从能声；（三）《说文》"伳，伙也"；（四）《说文》资之重文作饻，《广雅·释器》"饻饵也"；（五）《尔雅·释宫》"栭谓之㮤"；（六）玄应《一切经音义》十一引《通俗文》"胹，再生也"，《说文》"凡战死而复生曰炊"。以上能耳而内皆与兒声近，而皆与从次声之字同义。其实霓古读如次，在霓的音符儿字上还可以找到更直接的理由。

㸐卜辞[17]㸐小臣兒卣㸐易兒鼎㸐寡兒鼎㸐小篆

ㄩㄩ即《说文》齿之古文ㄩㄩ，兒字从ㄩ，在意义上，本象小儿张口露齿之形，所以俗呼小儿为牙（《说文》牙之古文作𠯑），在声音上是从ㄩ得声，所以兒一曰子，子与齿音近。兒字既有齿音，则霓与次自然可以因为音近而相通假了。[18]

总之，霓与资，无论在形义或声音上都相合，所以《周礼》故书以资代霓。资与陦又是同声通用的字[19]，所以《毛诗》《周礼》及《春秋感精符》又以陦代资。陦既是霓的二重假借字，所以《周礼》郑《注》训为虹。但虹霓云气古人不分，所以《候人》传、笺及荀爽《易注》皆训陦为云，而《蝃蝀》传、笺，先郑《周礼注》，宋均《春秋纬注》又皆训为气。陦即霓，霓云又可以不分，所以我们说诗的朝陦即赋的朝云。

四、虹与美人

《周礼·眡祲》之职"掌十辉之灋，以观妖祥，辨吉凶"。陦是十辉之一，在古人心目中必有所象征，才可以为

"观妖祥，辨吉凶"之用。陉所象征的是什么，经典中未曾明言。但陉即虹，上文已经说过，而虹这东西据汉以来一般的意见，正是有着一种象征意义的。有以虹为阴阳二气交接之象者：

《淮南子·说山篇》曰："天二气则成虹"，高诱《注》："阴阳二气[20]相干也。"

《吕氏春秋·节丧篇》高诱《注》曰："虹，阴阳交气也。"

《汉书·天文志》曰："虹霓者，阴阳之精也。"

《初学记》一引《春秋元命苞》曰："阴阳交为虹蜺，虹蜺者阴阳之精。"

《易通卦验》郑玄《注》曰："虹者阴阳交接之气。"

《艺文类聚》二引蔡邕《月令章句》曰："虹，螮蝀也，阴阳交接著于形色者也。"

因之，虹即为淫邪之象：

《逸周书·时训篇》曰："虹不见，妇人苞乱……虹不藏，妇不专一。"

《诗·蝃蝀》毛传曰："夫妇礼过则虹气盛。"

《后汉书·杨赐传》引《易稽览图中孚经》曰："蜺之比无德，以色亲。"

《开元占经》九八引《春秋潜潭巴》曰："虹蜺主内淫。"

也有单说虹为阴性者：

《说文·雨部》曰："霓，屈虹青赤，或白色，阴气也。"

《后汉书·杨赐传》注引《春秋文耀钩》宋均《注》曰："虹蜺，阴气也。"

《开元占经》九八引《春秋感精符》曰："九虹俱出，五色纵横，或头衔尾，或尾绕头，失节，九女并讹，正妃悉黜。"

或又以为虹是阴淫于阳的象征：

> 京房《易传》曰："蜺，日旁气也，其占云，妻乘夫则见之，阴胜阳之表也。"

> 《易是类谋》曰："二日离气不效，赤帝世属轶之名曾之，候在坎，女讹诬，虹蜺数兴。"郑玄《注》曰："……亦又候其冲，出在南方，为太阳征，阴类裁也，故女子为讹诬。虹蜺，日旁气也。皆阴，故蔽阳。"

> 《释名·释天》曰："虹，攻也，纯阴攻阳气也。"[21]

以上所引的虽然几乎全是汉人的论调，但他们必是根据在他们以前早已存在着的一种观念而加以理论化。[22]

> 《太平御览》一四引张璠《汉纪》曰："灵帝光和元年，虹昼见御座殿庭前，色青赤。上引蔡邕问之。对曰：'虹霓，小女子之神……'"

另一种说法是：

> 《释名·释天》曰："虹……又曰美人。"
>
> 《尔雅·释天》"螮蝀，虹也"，郭璞《注》曰："俗名为美人虹。"
>
> 《异苑》一曰："古语有之曰：古者有夫妻荒年食菜而死，俱化成青虹[23]，故俗呼美人虹。"

我认为这便是汉儒所据以推衍成他们那些灾异论的核心。虽然刘熙、郭璞、刘敬叔是三国至刘宋间的人，但他们所记的俗语，比起在他们以前的那灾异论，实在还要古些。因为凡是一种民间流行的俗语，决不能产生于短促的时间里，这是不易的通例。不但《高唐赋》所传的虹的化身是一位美人，而且在《诗经》中就已经屡次以虹比淫奔的女子，那很分明的显示着美人虹的传说，当时已经有了。因此你想刘敬叔所谓古语，不是可以一直古到《诗经》的时代吗？

美人虹故事绵亘的期间，往前推，可以到《诗经》时代，

往后推，可以到隋唐朝。《穷怪录》载：[24]

> 后魏明帝正光二年夏六月，首阳山中有晚虹下饮
> 于溪泉。有樵人阳万于岭下见之。良久化为女子，年
> 如十六七。异之，问不言。乃告蒲津戍将宇文显，取
> 之以闻。明帝召入宫，见其容貌姝美。问，云："我天
> 帝女也，暂降人间。"帝欲逼幸，而色甚难。复令左右
> 拥抱，声如钟磬，化为虹而上天。

这和《高唐赋》的故事相合的地方很多，而最可注意的是
那边说"我帝之季女"，这边也说"我天帝之女也"。何以
凑巧到这样？有人或许要抓住这一点来断定《穷怪录》的
作者是剽袭《高唐赋》的故事，或最少也受了它的暗示。
但是不然。《高唐赋》只说神女的原身是云是气，并没有说
是虹，而在《穷怪录》的作者的时代，虹与云气之间应当
已经有了明晰的界限，恐怕他不能知道云即是虹罢。即使
退一百步来讲，他真知道古人曾经云虹通称过，但是倘若
依照《高唐赋》的字面，说那女子是一朵彩云化的，就不

说意象更加美了的话，单就故事的机构讲，那样又有什么违碍，而非把云改为虹不可呢？《穷怪录》的作者，在事实上既不会是像我这样多事的一个人，花上九牛二虎之力去推敲云虹的关系，因而得到如同我所得到的结论；而在艺术的选择中，他更不会无缘无故舍弃了一个顶好的"云化为女子"的意象，换上"虹化为女子"。既然如此，所以我说《穷怪录》所同于《高唐赋》之处并非剿袭，而只是偶合，惟其二者同出于一个来源，所以偶合是应当而且不可避免的。

由《蝃蝀》《候人》二诗而《高唐赋》，而汉人的灾异论，而刘熙、郭璞、刘敬叔等所记的方俗语，而《穷怪录》中的故事，这显然是一脉相承的。虽然有的是较完整的故事，有的是些片段（虽零星而尚可补缀的片段），有的又只是投映在学说或俗语中的一些荡动的影子——虽然神话存在的证件有不同的方式，可是揣想起来，神话仍当是很久远的存在过，亘千有余年的而未曾间断的存在过。

五、曹卫与楚

朝隮即朝云，而朝云的神话在《诗经》时代已经产生了，这些前面都已交代清楚了。《诗经》的朝隮一见于《鄘风·蝃蝀》，一见于《曹风·候人》，《鄘风》即《卫风》，而曹、卫是邻国，所以流传着同样的神话，这也是容易明白的。至于高唐在楚的境内，离曹、卫那样辽远，却也有着同样的神话，那又怎么解答呢？问题其实也简单，只要你记得在古代，一个民族不是老守着一个地域的。近来许多人都主张最初的楚民族是在黄河下游，这是可信的。胡厚宣的《楚民族源于东方考》[25]举了许多证据，其中有一项尤其能和我们的问题互相证明。他据春秋时曹、卫皆有地名楚丘，楚丘即楚的故墟，证明最初的楚民族是在曹、卫地带住过的。楚国的神话发现于曹、卫的民歌中，不也是绝妙的证据吗？此外我想曹还有郰邑，而在古代地名上加邑旁是汉人的惯例，则郰邑字本作"梦"，与楚地云梦之梦同字。楚高唐神女所在的巫山是在云梦中，而曹亦有地名梦，这一来，朝隮与朝云间的瓜葛岂不更加密一层，而二者原是出于一个来源，不也更可靠了吗？总之，曹、卫曾经一度是楚民族的老家，所以二国的民歌中还保留楚民族神话的余痕，所以楚神话人物所居的地名，在曹国也有，这道理是极明显的。

六、高唐与高阳

《墨子·明鬼篇》曰：

> 燕之有祖，当齐之社稷，宋之桑林，楚之云梦也。此男女之所属而观也。

郭沫若先生以为这和祀高禖的情形相合，因而说祖，社稷，桑林和云梦即诸国的高禖。[26]这见解是很对的。《礼记·月令》曰：

> 仲春之月：是月也，玄鸟至。至之日，以太牢祠于高禖。天子亲往，后妃帅九嫔御，乃礼天子所御，

带以弓韣，授以弓矢于高禖之前。

《春秋·庄公三十三年》"公如齐观社"，三传皆以为非礼，而《穀梁》解释非礼之故曰："是以为尸女也。"郭先生据《说文》"尸，陈也，象卧之形"，说尸女即通淫之意，这也极是。社祭尸女，与祠高禖时天子御后妃九嫔的情事相合，故知社稷即齐的高禖。桑林与《诗·鄘风·桑中》所咏的大概是一事，《鄘风》即《卫风》，而卫、宋皆殷之后，故知桑林即宋的高禖。云梦即高唐神女之所在，而楚先王幸神女，与祠高禖的情事也相似，故知云梦即楚的高禖。燕之祖虽无事实可征，但《墨子》分明说它等于齐之社稷，宋之桑林，楚之云梦，则祖是燕的高禖也就无问题了。

云梦的神是楚的高禖，而云梦又有高唐观，看来高唐与高禖的关系非常密切，莫非是一回事吗？郭沫若先生便是这样主张的一个人。他说高唐是高禖之音变。但我觉得说二者之间有着密切的关系是可以的，说高唐即高禖的音变则欠圆满。[27]禖与唐在声音上相隔究嫌太远。与其说高唐即高禖，不如说即高阳，因为唐阳确乎是同音而通用的字，卜辞成汤字作唐，《说文》唐之古文作暘，都是例证。

《路史余论》二引束皙曰："皋禖者，人之先也。"古代各民族所记的高禖全是各该民族的先妣。夏人的先妣是涂山氏，《史记·夏本纪》索隐引《世本》曰："涂山氏名女娲"，[28] 而《路史后纪》二以女娲为神禖。[29]《余论》二又曰："皋禖古祀女娲。"这是夏人的高禖祀其先妣之证。[30]《礼记·月令》郑《注》曰："高辛氏之出[31]，玄鸟遗卵，娀简吞之而生契，后王以为媒官嘉祥而立其祠焉。"[32]《疏》引《郑志》焦乔答王权曰："娀简狄吞凤子之后，后王以[33] 为媒官嘉祥，祀之以配帝，谓之高禖。"这是殷人的高禖亦祀其先妣之证。《鲁颂·閟宫》《传》说閟宫是妣姜嫄的庙，又引孟仲子说曰："是禖宫也。"禖宫即高禖之宫。閟宫是高禖之宫，又是姜嫄的庙，这是周人的高禖亦祀其先妣之证。夏、殷、周三民族都以其先妣为高禖，想来楚民族不会是例外。因此我以为楚人所祀为高禖的那位高唐神，必定也就是他们那"厥初生民"的始祖高阳，而高阳则本是女性，与夏的始祖女娲，殷的始祖简狄，周的始祖姜嫄同例。既然如此，则楚的先祖（毋宁称为先妣）按规矩说，不是帝颛顼，而是他的妻女禄[34]。本来所谓高阳氏应该是女禄的氏族名，不是颛顼的，因为在母系社会中，是男子出嫁给女子，以女家的氏为氏。[35]许是因为母系变为父系之后，人们的记忆随着悠久的时间渐渐消逝了，于是他们只知道一个事实，那便是一切主权只许操在男人手里，因而在过信了以今证古的逻辑之下，他们便闹出这样滑稽的错来，把那"生民"的主权也移归给男人了——许是因为这个缘故，楚人的先妣女禄才化为一位丈夫了。与这同类的例子似乎还有。《史记·夏本纪》索隐引《世本》，《吴越春秋·越王无余外传》都称禹为高密。我常常怀疑禹从哪里得来这样一个怪名字。如今才恍然大悟，高密即高禖（禖通作密，犹之乎禖宫通作閟宫），高密本是女娲的称号，却变成禹的名字，这不和高阳本指女禄，后人指为颛顼相仿佛吗？

高阳在始祖的资格之下，虽变成了男性，但在神禖的资格之下，却仍然不得不是个女子。一方面变，一方面不变，而彼此之间谁又不能迁就谁，于是一人只好分化为二人了。再为避免纠纷起见，索性把名字也区别一下：性别

158

不变的，当然名字也可以照旧写他的"高唐"，性别变了的，名字最好也变一下，就写作"高阳"吧。于是名实相符了。于是一男一女，一先祖一神禖，一高阳一高唐，各行其是，永远不得回头了。

至于高唐这名称是怎么发生的呢？郭沫若先生说它是郊社的音变，是很对的。高禖即郊禖，高郊可通，是不成问题的。唐社在音理上可通，郭先生已经说明了，但没有举出实例来。今案古有唐杜氏，孙诒让说："杜本唐之别名，若楚一言荆也，累言之，楚曰荆楚，故唐亦曰唐杜。"唐一曰杜，而杜社皆从土声，这是唐可与社通的一个证例。[36]《尔雅·释本》："杜，甘棠"，棠唐声同，所以唐棣一作棠棣。杜一曰棠，而杜与社，棠与唐皆同声而通用，这是唐与社可通的又一个证例。这样看来，高唐是郊社的音变，毫无问题了。郊社变为高唐，是由共名变为专名，高唐又变为高阳，由是女人变为男人，这和高禖变为高密，高密又由涂山变为禹，完全一致了。

七、高唐神女与涂山氏

方才我们讲到楚民族的高唐（阳）以先妣而兼神禖，与夏民族的涂山氏同类。其实二者不但同类，而且关系密切。这道理假如我们把前面的文章温一遍，自然就明了了。在前面我们讲到《候人》诗的朝隮即《高唐赋》的朝云，那么朝隮便是高唐神女的前身了。我们又讲到古《候人歌》与曹《候人》诗有着很深的关系，那么朝隮又像是古《候人歌》的中心人物涂山氏了。朝隮一面关连着高唐神女，一面又关连着涂山氏，高唐神女岂不与涂山氏也有了关系吗？果然，我们又讲到高唐神女与涂山氏的行为极相似。因为，涂山氏迎候禹，是以女追求男，再证以先秦人说禹"通之于台桑"，又目禹为淫涵，而我们觉得禹既是被动者，则假如他的行为是失德的话，责任还该由涂山氏负，把这几点综合起来，则涂山氏的举止太像奔女了。与那"闻王来游，愿荐枕席"的神女生涯几乎没有区别了。这样看来，高唐神女与涂山氏不但有关系，而且关系密切。但是高唐神女不仅在行为的性质上与涂山氏相同。她们另有两点相同之处，我们得赶快补充上。

《艺文类聚》——引《礼含文嘉》曰："禹卑宫室，垂意于沟洫，百穀用成，神龙至，灵龟服，玉女敬养，天赐妾。"[37]

《□□□□》引《乐动声仪》曰："禹治水，昊天赐神女圣姑。"[38]

禹娶涂山氏，而纬书一则曰"玉女敬养，天赐妾"，再则曰"昊天赐神女圣姑"，这与高唐神女是天帝之女而又名曰瑶姬，不是一样的吗？[39]还有涂山氏所奔的禹，高唐神女所侍宿的楚之先王，都是帝王，这又何其相似！不，从这种种方面看，高唐神女与涂山氏，不仅相似，简直是雷同。这是大可注意的。按神话传说的分合无常的诡变性说，二者莫非本是一人罢？对了，我有证据，是从地理中得来的。

《左传·哀公七年》："禹合诸侯于涂山。"杜《注》

曰："涂山在寿春东北。"

寿春东北的涂山，即《苏氏演义》所谓四涂山中的濠州涂山，在今安徽怀远县东南八里。《元和郡县志》九：濠州钟离县有涂山，在县西九十五里，又说："当涂县故城，本涂山氏国，在县西南一百一十七里，禹娶于涂山，即此也。"但《南部新书》庚[40]曰：

> 濠州西有高唐馆[41]，附近淮水。御史阎钦授[42]宿此馆，题诗曰："借问襄王安在哉？山川此地胜阳台。今朝寓宿高唐馆，神女何曾入梦来？"轺轩来往，莫不吟讽，以为警绝。有李和风者至此，又题诗曰："高唐不是这高唐，淮畔江南各异方[43]，若向此中求荐枕，参差笑杀楚襄王。"

近来钱宾四先生据《方舆纪要》"霍丘县西北六十里有高唐店，亦曰高唐市，宋绍兴初，金人繇颍寿渡淮，败宋军于高唐市，进攻固始"，说："依此言之，淮上固有高唐。襄王既东迁，都于陈城。岂遽游江南？则求神女之荐枕者，与其在江南不如在淮上。参差之笑，恐在彼不在此也。"[44]钱先生驳李和风的话，可谓中肯极了。[45]安徽有涂山又有高唐馆，这是很有趣的。但更加有趣的，是有涂山又有高唐的还不仅安徽一处。

　　《华阳国志·巴志》曰："禹娶于涂山……今江州涂山是也。"

　　《水经注·江水注》曰："江之北岸有涂山，南有夏禹庙涂君祠。庙铭存焉。"

这座涂山在今四川巴县东一里。离此不远，便是《高唐赋》中的巫山[46]，而据赋说古高唐观便坐落在那附近。然则四川也是有涂山又有高唐的。有这样凑巧的事！几乎不可思议了。这两人——涂山氏与高唐神女，家世一样，行为一样，在各自的民族里，同是人类的第一位母亲，同是主管婚姻与胤嗣的神道，并且无论漂流到那里，总会碰到一起，这其间必有缘故。

八、云梦与桑林

我们在上文根据墨子以桑林与云梦并举的话，又以《鄘风·桑中》为参证，于是断定桑林即宋的高禖与楚之高禖云梦同类。不过有一个极有趣的证据在那边我们来不及提出，现在有了机会可以补充了。

> 《吕氏春秋·顺民篇》："天大旱，五年不收，汤乃以身祷于桑林。"高《注》曰："桑林，桑山之林，桑能兴云作雨也。"
>
> 《淮南子·修务篇》："汤苦[47]旱，以身祷于桑山之林。"高《注》曰："桑山之林能为云雨，故祷之。"
>
> 《吕氏春秋·慎大篇》："武王胜殷，立成汤后于宋，以奉桑林。"高《注》曰："桑山之林，汤所祷也，故所奉也。"

桑林本是桑山之林的省称，这是很有关系的一点。桑林之神是住在桑山[48]上，与云梦之神住在巫山上同类，拿这一点来证明楚之云梦相当于宋之桑林，已经够了。[49]何况桑林之神能兴云作雨，与云梦之神"朝为行云，暮为行雨"[50]又是不约而同的呢？

汤祷雨，据《艺文类聚》一二引《帝王世纪》又说是：

桑于桑林之社。

这一个社字很要紧。我们先将社的制度说明一下。

《论语·八佾篇》曰："哀公问社于宰我，宰我对曰：'夏后氏以松，殷人以柏，周人以栗。'"

《白虎通义·社稷篇》引《尚书·逸篇》曰："大社为松，东社为柏，西社为栗，北社为槐。"

《周礼·大司徒》曰："设其社稷之壝，而树之田主，各以其野之所宜木，遂名其社与其野。"

凡社必有木，所以《说文》社之古文作社，从示从木从土。

165

不过诸书所说的，似乎是后世在都邑之内，封土种树以为之的仿造的变相的社。原始时期的社，想必是在高山上一座茂密的林子里立上神主，设上祭坛而已。社一名丛，便是很好的证据。

《墨子·明鬼篇》曰："建国营都……必择木之修茂者立以为丛位。"

《六韬·略地篇》曰："社丛勿伐。"

《战国策·秦策》三曰："亦闻恒思有神丛与？"

《汉书·陈余传》曰："又间令广之次所旁丛祠中。"（《注》引张晏说曰："丛，鬼所凭也。"）

《太玄·聚篇》曰："示于丛社。"

《急就篇》曰："祠祀社稷丛腊奉。"

《华阳国志·蜀志》曰："迄今巴蜀民农时先祀杜主君（案社杜古通，杜主即社主）开明位，号曰丛帝。"

《淮南子·淑真篇》"兽走丛薄之中"，《注》曰"聚木曰丛"。丛与林同义。社可曰丛，则亦可曰林。桑林即桑社，所以墨子以宋之桑林与齐之社稷并称，而皇甫谧又称之为桑林之社[51]。因而《尔雅·释诂》"林烝天帝"并训为君的意义也可以洞澈了。丛从取声，字一作菆。（《礼记·丧大记》"攒犹菆也。"《释文》"菆本亦作丛。"）《说文》"菆，麻蒸也。"《文选·西征赋》"感市闾之菆井"，《注》曰："菆井，即渭城卖蒸之市也。"烝与蒸通。林烝之义皆与丛通，丛即社，所以林烝与天帝同类。总之，社必在林中，所以社一曰林。林与社同，所以桑林即桑社了。

我们在前面说桑林是宋的高禖，现在又知道桑林是宋的社，这又给前面的推测加了一个强有力的证据。因为《周礼·禖氏》曰：

> 仲春之月，令会男女。于是时也，奔者不禁。若无故而不用令者罚之。司男女之无夫家者而会之。……凡男女之阴讼，听之于胜国之社。

我们先讲听阴讼一层。胜国之社，郑《注》说是"奄（掩）其上而栈其下"的亡国之社。有人疑心这和普通有树木的社不同，似乎不然。《诗·召南·甘棠》传曰："召伯听男女之讼"，试看《甘棠》后紧接着《行露》，毛公这一说确乎是可靠的。召伯听男女之讼，在甘棠下，甘棠即社木（详下），可知古时媒氏听阴讼的地方——胜国之社，依然是有树木的。总之，媒氏的听阴讼的职务是在社中履行的，这是媒氏与社有关系的佐证。

讲到媒氏的另一项职务，即"令会男女……奔者不禁"一层，你定会联想起《诗经》的桑中。你如果又由桑中那地名（或称桑间）联想到桑林之社，那也极其合理。宋、卫皆殷之后，所以二国的风俗相同，都在桑林之中立社，而在名称上，一曰桑林，一曰桑中或桑间，相差也实在太有限了。媒氏所主管的"会男女"的事务同听阴讼一般，也在社中举行，则媒氏与社的关系又加深一层。因此我们说社神即媒神，而桑林之神即宋之高禖不也加了一重证据吗？

话谈得稍远点。现在可以回到本题了。桑林之神是宋的高禖，而宋是殷后，则宋的高禖实即殷的高禖，亦即他们的先妣简狄。这一层说明白了，我们可将楚云梦之神高唐（阳）氏女禄和宋桑林之神有娀氏简狄比比了。前者住在巫山上，能为云雨，后者住在桑山上，也能为云雨。前者以先妣而兼神禖，后者亦以先妣[52]而兼神禖。前者在《高唐赋》所代表的神话中，后者如玄鸟遗卵的神话所暗示，又都是有着淫乱嫌疑的行为。高唐与简狄相同之处也是如此之多。这其间不能没有缘故。

九、结　论

高唐与涂山、简狄都那样相似，我们屡次讲那必有缘故。读者或许想我的意思是说他们本是一个人。这话是对的，却又不对。若说涂山即简狄，简狄即高唐，那显然是错误。若说这几个民族最初出于一个共同的远祖（当然是女性），涂山、简狄、高唐，都是那位远祖的化身，那便对了。因此，我们若说姜嫄（或古代其他民族的先妣）也是她的化身，那亦无不可，虽则关于姜嫄的事迹与传说，我们知道的不多，不能和其余几位先妣作更细密的比较。反正几位先妣既然是从某一位先妣分化出来的，我们就不妨将她们各人的许多故事合起来，当作一个人的故事看，至少为讨论的方便计，不妨这样办。这一层说明了，我们可以开始下总结论了。

在农业时代，神能赐与人类最大的恩惠莫过于雨——能长养百谷的雨。大概因为先妣是天神的配偶，[53]要想神降雨，惟一的方法是走先妣的门路（汤祷雨于桑林不就是这么回事？）[54]，后来因先妣与雨常常联想起，渐渐便以为降雨的是先妣本人了。先妣能致雨，而虹与雨是有因果关系的，于是便以虹为先妣之灵[55]，因而虹便成为一个女子。朝隮（霓）朝云以及美人虹一类的概念便是这样产生的。

但是先妣也就是高禖。齐国祀高禖有"尸女"的仪式，《月令》所载高禖的祀典也有"天子亲往，后妃率九嫔御"一节，而在民间，则《周礼·禖氏》"仲春之月，令会男女"，与夫《桑中》《溱洧》等诗所昭示的风俗，也都是祀高禖的故事。这些事实可以证明高禖这祀典，确乎是十足的代表着那以生殖机能为宗教的原始时代的一种礼俗。[56]文明的进步把羞耻心培出来了，虔诚一变而为淫欲，惊畏一变而为玩狎，于是那以先妣而兼高禖的高唐，在宋玉的赋中，便不能不堕落成一个奔女了。

注释：

[1]参看拙著《诗新台"鸿"字说》，见《清华学报》第十卷第三期。

[2]陆《疏》:"鹈，水鸟，形如鹗，极大。喙长尺余，直而广。口中正赤，领下胡大如数升囊。若小泽中有鱼，便群共抒水满其胡而弃之，令水竭尽，鱼在陆地，乃共食之，故曰淘河。"

[3]本《疏》引作"鱼劳则尾赤"，《诗·汝坟》《疏》引作"鱼肥则尾赤"。刘文湛、李贻德并云劳字误，当作肥，今据改。

[4]详拙著《楚辞斠补》，见武汉大学《文哲季刊》第五卷第一期。

[5]此文脱稿后，吴景超先生告诉我这点材料。我得深深的谢他，因为有了他这条证据，我前面的话便可成为铁案了。

[6]《庄子义证》卷二九。

[7]《文选》上载的《高唐赋》录之如下，以资比较。

昔者楚襄王与宋玉游于云梦之台，望高唐之观。其上独有云气，崒兮直上，忽兮改容，须臾之间变化无穷。王问玉曰："此何气也？"玉对曰："所谓朝云者也。"王曰："何谓朝云？"玉曰："昔者先王尝游高唐，怠而昼寝。梦见一妇人曰：'妾巫山之女也，为高唐之客。闻君游高唐，愿荐枕席。'王因幸之。去而辞曰：'妾在巫山之岨，旦为朝云，暮为行雨，朝朝暮暮，阳台之下。'旦朝视之，如言，故为立庙，号曰朝云。……"

此与《杂体诗》注所引《宋玉集》最大的区别，在诗注所引"我帝季女"数语，此作"巫山之女"，又无以下数语。考同书《别赋》注引《高唐赋》及《襄阳耆旧传》并与《杂体诗》注引略同。知《文选》所载，乃经昭明删节，非宋赋之旧，故不从之。《别赋》注引《高唐赋》文如下：

我帝之季女，名曰瑶姬，未行而亡，封于巫山之台，精魂为草，实为灵芝。

《渚宫旧事》三引《襄阳耆旧传》如下：

襄王与宋玉游于云梦之台。望朝云之馆，其上有云气，变化无穷。王曰："何气也？"玉曰："昔者先王游于高唐，怠而昼寝。梦见一妇人，暧乎若云，皎乎若星，将行未止，如浮忽停，详而观之，西施之形。王悦而问之。曰：'我夏帝（《文选·高唐赋》注引作赤帝）之季女也，名曰瑶姬，未行而亡，封乎巫山之台。精魂为草，摘而为芝，媚而服焉，则与梦期。所谓巫山之女，高唐之姬。闻君游于高唐，愿荐枕席。'王因幸之。既而言曰：'妾处之翰，尚莫可言之。今遇君之灵，幸妾之搴。将抚君苗裔，藩乎江汉之间。'王谢之。辞去曰：'妾在巫山之阳，高邱之岨，旦为朝云，暮为行雨，朝朝暮暮，阳台之下。'王朝视之，如言，乃为立馆，号曰朝云。"王曰："愿子赋之，以为楚志。"

又《水经注·江水注》曰："巫山，帝女居焉；宋玉所谓天帝之季女，名曰瑶姬，未行而亡，封于巫山之阳，精魂为草，实为灵芝。"与《别赋》注同。

[8]《召南·采蘋》"谁其尸之，有齐季女"，《传》曰："古之将嫁女者，必先礼之于宗室。"《小雅·车舝》曰"思娈季女逝兮"，又曰："觏尔新昏，以慰我心。"《候人》曰"彼其之子，不遂其媾"，又曰："季女斯饥。"凡《诗》言季女皆将嫁而未嫁之女。赋曰"我帝季女，未行而亡"，行亦嫁也。是赋之季女与《诗》之季女，不惟字面相同，义亦相

应也。

[9]《易林·履之恒》曰：“潼瀋蔚荟，肤寸来会，津液下降，流潦滂霈。”此据《候人》诗为说，可证汉人亦以《候人》之朝隮即《蝃蝀》“崇朝其雨”之朝隮。

[10] 荟之言绘也，《说文》曰：“桧，会五采绣也。”蔚者，《易·象传》曰：“其文蔚也。”《汉书·叙传》下注曰蔚，文盛绿也。荟蔚联绵词，故二字一义。《诗》以荟蔚形容朝隮，犹《神女赋》形容朝云曰“晔兮如华，温乎如莹，五色并驰，不可殚形”也。传释荟蔚为云兴貌，失之笼统。

[11] 古籍中有谓霓为云者：

《楚辞·天问》注：“蜺，云之有色似龙者也。”

有谓虹为气者：

《古微书》引《尚书·璇机钤》：“日旁气白者为虹。”

《后汉书·郎𫖮传》：“凡日旁气色白而纯者名为虹。”

有谓霓为气者：

《汉书·五行志》下之上“蜺，日旁气也。”

《文选·东京赋》薛《注》：“霓，天边气也。”

有谓虹霓为气者：

174

《太平御览》一四引《河图稽耀钩》："虹霓者气也，起在日侧，其色青赤白黄。"

《列子·天瑞篇》："虹蜺也，积气之存乎天者也。"

其以云为气者，尤数见不鲜，略举数例：

《说文》："云，山川气也。""气，云气也。"

《论衡·艺增篇》："山气为云。"

《素问·阴阳应象大论》："地气上为云。"

以上皆魏晋以前人之说，亦古人虹霓云气不分之确证。又《说文》氛之重文作雰（从云省，许云从雨，是非），尤为云气不分之明验。

[12]原作"陟，升也"，脱气字，据郑《笺》及诸书补。

[13]《说文》："茨，以茅苇盖屋也。"《释名·释宫室》："屋以草盖曰茨。"

[14]《说文古籀补》。

[15]小篆次作𣤶，许书曰："不前不精也，从欠二声。"不前不精，义本难明，而从欠与次第义尤无涉。窃疑次第本字当以作𰁜为正。

[16]《殷虚书契后编》卷下，第四十二叶，第六片。

［17］《殷虚书契前编》卷七，第十六叶，第二片。

［18］《说文》以为"象小儿头囟未合"，形既不似，理亦迂阔。《系传通论》云："🐛与古文齿相类"，所见与余合，惟未质言🐛即齿耳。

［19］《说文》斋重文作𪗉，餈重文作镨，郑子婴齐金文《王子婴次炉》，齐作次，齐威王因齐金文《陈侯因资敦》齐作资。

［20］原作"阴阳相干二气也"，不成文义，今以意改之如此。

［21］今本阴阳二字互倒，从王先谦校改。

［22］《周礼》出于汉人之手，故不尽可靠。所说十辉之灋盖亦汉人之观念，故与以上所引汉人之说相合。

［23］虹原作绛，从《太平御览》一四引改。

［24］见《图书集成》虹霓部外编之二。《穷怪录》著者姓氏未详，疑为隋唐间人。《太平广记》三九六引《八朝穷怪录》同。

［25］见北京大学潜社《史学论丛》第一册。

［26］《释祖妣》(《甲骨文字研究》上)。

［27］郭又谓高唐为郊社之音变，则确不可易，详下。

［28］这位女娲即炼石补天，断鳌立极，始作笙簧，抟土作人而一日七十化之女娲，我另有考证。

［29］《路史后纪》二：“少佐太昊祷于神祇，而为女妇正姓氏，职昏姻，通行媒，以重万民之则，是曰神禖。”《注》曰：“《风俗通》云，女娲祷祠神祇而为女媒，因置昏姻，行媒始此明矣。”《后记》又曰：“以其载媒，是以后世有国是祀为皋禖之神，因典祠焉。”

［30］《隋书·礼仪志》二：“晋惠帝元康六年，禖坛石中破为二。诏问石毁，今应复不。……束皙议以石在坛上，盖主道也，祭器敝则埋而置新。今宜埋而更造，不宜遂废。时此议不用。后得高堂隆故事；魏青龙中告立此石，诏更镌石如旧制高禖坛上，埋破石入地一丈。据梁太庙北门内道西，有石，文如竹叶，小屋覆之，宋元嘉中修庙所得，陆澄以为孝武时郊禖之石。然则江左亦有此礼矣。”案此，则古之高禖以石为主。《汉书·武帝纪》元封元年，登礼中岳，见夏后启母石，《注》引《淮南子》说涂山氏化为石，石破生启。窃疑作涂山氏本古之高禖，而高禖以石为

主，故后世有涂山氏化为石之传说。此亦夏之高禖祀其先妣之证。

[31] 出疑为世之讹。

[32]《正义》误会郑意，以高禖为高辛氏。观下文引《郑志》焦乔答王权语，其谬可知。

[33] 以字从段玉裁校增。

[34] 帝颛顼的妻是女禄，见《大戴礼记·帝系篇》。

[35] 参看吕振羽《史前期中国社会研究》页136—146。

[36]《史记·秦本纪》宁公二年遣兵伐荡社。孙诒让云荡社即唐杜。

[37] 原脱妾字，从《太平御览》八二引补。"敬养"《御览》八七二引作"降"，《开元占经》作"敬降养"，《古微书》一云"神农女降"。

[38] 见马辑本，不云出何书。黄辑《乐纬》无《动声仪》，故亦无从取证。姑阙之以待博识。

[39]《御览》四七引《会稽记》："东海圣姑从海中乘舟张石帆至，二物见在庙中。"此圣姑亦谓涂山氏。

[40] 此事首见《封氏闻见记》七，又见《南部新书》

庚，《诗话总龟》三五。《闻见记》前半缺脱。今从《南部新书》校证。

[41]唐原作塘，改从《诗话总龟》。下"高唐馆"及"这高唐"两唐字亦并作塘，今并从《闻见记》及《诗话》改。

[42]钦授原作敬爱，改从《诗话》。

[43]异原作一，从《闻见记》及《诗话》改。

[44]《楚辞地名考》，载《清华学报》第九卷三期。

[45]《水经注》谓此即《高唐赋》中之巫山，历来无异说。

[46]《御览》四三引《寿春图经》："濠塘山在县南六十里，有濠水出焉。"案《庄子·秋水篇》之濠梁即此濠水。《释文》濠水亦作豪。豪从高声，豪塘即今高塘之讹变。

[47]原脱苦字，从王念孙增。

[48]《左传》昭公十六年："郑大旱，使屠击、祝款、竖柎有事于桑山，斩其木，不雨。子产曰：'有事于山，蓺山林也。而斩其木，其罪大矣。'夺之官邑。"案郑、宋地近，风俗相同，故宋有桑山，郑亦有桑山，且皆为祷雨之所。据此则郑民族（指郑地居民，非郑之统治者）似为殷之支

裔，容更详之。

[49]《说苑·善说篇》："齐宣曰猎于社山。"齐社稷之神似亦在山上，亦与桑林、云梦同类。

[50]《路史余论》二引《尸子》："神农之理天下，欲雨则雨，五日为行雨，旬日为谷雨，旬五日为时雨，万物载利，故曰神雨。"此"行雨"之义也。

[51]桑林为社，宋人罗泌犹知之。《路史余论》六曰："桑林者，社也。"

[52]《周礼·大司乐》"舞《大濩》以享先妣"，《注》谓先妣为姜嫄，其庙为閟宫。《大濩》即桑林之乐。周人以《大濩》享其先妣，盖沿殷之旧俗。此亦桑林之神即殷先妣之证。

[53]契与稷皆感天而生，即基于此种观念而产生之传说。

[54]请雨祷于先妣，止雨亦祷于先妣。《春秋繁露》有《请雨篇》《止雨篇》。其《止雨篇》中，据《论衡》似有祭女娲一法，今本脱之。《论衡·顺鼓篇》曰："俗图画女娲之象为妇人之形，又其号曰女，仲舒之意殆谓古妇人帝王者也。男阳而女阴，阴气为害，故祭女娲求福祐也。"

180

［55］古人谓神之光气曰灵。《离骚》："皇剡剡其扬灵。"注："剡剡，光貌。"汉《郊祀歌》十九"灵殷殷，烂扬光"是也。神不可见，见有光气即以为神至，《汉书·郊祀志》曰"是夜有美光"，曰"神光兴于殿旁"，曰"陈宝祠汉世世常来，光色赤黄，长四五丈"，皆谓神降也。虹亦光气也，故先民以为神之表征，其为光气，采色昫爛，动人美感，故又以为女性之神。

［56］《鲁颂·閟宫》曰："《万舞》洋洋"，閟宫为高禖之宫，是祀高禖时用《万舞》。《万舞》盖即《大濩》（《大濩》又名汤乐，故祀成汤的《商颂·那篇》亦曰"《万舞》有奕"）。故《周礼·大司乐》曰"舞《大濩》以享先妣"，《注》以先妣为姜嫄，其庙谓之閟宫。《左传·隐公五年》："考仲子之宫，将《万》焉。"仲子者，公之祖母，考其庙，用《万舞》，可知《万舞》与妇人有特殊关系。然而《左传·庄公二十八年》又曰："楚令尹子元欲蛊文夫人，为馆于其宫侧而振《万》焉。"《注》："蛊惑以淫事。"《邶风·简兮》曰"方将《万舞》"，"公庭《万舞》"，又曰"云谁之思，西方美人"，似亦男女爱慕之诗。爱慕之情，生于观《万舞》，此则舞之富于诱惑性，

可知。夫《万舞》为祭高禖时所用之舞，而其舞富于诱惑性，则高禖之祀，颇涉邪淫，亦可想见矣。

补记

杜光庭《墉城集仙录》里有这样一个故事：

云华夫人，王母第二十三女，太真王夫人之妹也。名瑶姬。受徊风混合万景炼神飞化之道。尝东海游还，过江上，有巫山焉，峰岩挺拔，林壑幽丽，巨石如坛，流连久之。时大禹理水，驻山下，大风卒至，崖振谷陨，不可制。因与夫人相值，拜而求助。即敕侍女授禹策召鬼神之书，因命其神狂章、虞余、黄魔、大翳、庚辰、童律等（案庚辰、童律二名又见唐人李公佐伪撰《古岳渎经》第八卷，《岳渎经》亦说禹治水之故事。《路史余论》九云："虞余庚辰，案《楚辞》，乃益稷之字"，今《楚辞》无此语）。助禹酆石疏波，决塞导阨，以循其流。禹拜而谢焉。禹尝诣之崇巘之巅。顾盼之际，化而为石，或倏然飞腾，散为轻云，油然而止，聚为夕雨，或化游龙，或为翔鹤，千态万状，不可亲也。禹疑其狡狯怪诞，非真仙也。问诸童律。律言：……云华夫人，金母之女也，昔师三元道君，受《上清宝经》，受书于紫清关下，为云华上官夫人，主领教童真之士，理在玉英之台。隐见变化，盖其常也，亦由凝气成真，与道合体，非寓胎禀化之形，是西华少阴之气也。且气之弥纶天地，经营动植，大包造化，细入毫发，在人为人，在物为物，岂止于云雨龙鹤飞鸿腾凤哉？禹然之。后往诣焉。勿见云楼玉台瑶宫琼阙森然，灵官侍卫，不可名识，狮子抱关，天马启途，毒龙电兽，八威备轩，夫人宴坐于瑶台之上。禹稽首问道。召禹使坐而言曰："……"因命侍女陵容华出丹玉之笈，开上清宝文以授禹。［禹］受而去，又得庚辰、虞余之助，遂能导波决川，以成其功，奠五岳，别九州，而天赐玄圭，以为紫庭真人。其后楚大夫宋玉以其事言于襄王。王不能访道要以求长生，筑台于高唐之馆，作阳台之宫以祀之。宋玉作《神女赋》（女原误仙）以寄情，荒淫秽芜。高真上仙，岂可诬而降之也？有祠在山下，世谓之大仙。隔岸有神女之石，即所化也。复有石天尊神女坛，侧有竹垂之若彗。有橘叶飞物著坛上者，竹则因风扫之，终滢洁不为所污。楚人世祀焉。

　　这里高唐神女简直就是涂山氏。这给上文第七段的推测完全证实了。此外有几个细节似乎得说明一下。（一）所谓"东海游还"，盖指会稽。禹娶妻及会诸侯的涂山，旧传也有说是在会稽的。从东海来的云华夫人本是禹自己的发妻，到了巫山，却成陌生人，神话演变中之矛盾性，往往如此，并不足怪。（二）童律说云华夫人"凝气成真"，又说他是"西华少阴之气"。（西华似乎是与太华玉女相混了，张衡《思玄赋》云："载太华之玉女兮。"）云华夫人是气所变，则朝云即朝脐（气）又得到一个证据了。（三）我在附注三〇中转引《汉书》注引《淮南子》称涂山氏化石，而这里说云华夫人化石，这也是很要紧的一点。（四）《隋书·礼仪志》称梁太庙有石，"文如竹叶"，据陆澄说是孝武时郊禖之石。这里说"石天尊神女坛侧有竹垂之若彗"，与《隋志》所载颇有相似之处，大概石天尊之石亦即郊禖之石。果然如此，则我说高唐神女即楚之高禖，更愈加可以成立了。（五）我又说涂山氏即女娲，全部的论证因篇幅的关系，不能拿出，现在还是不能，不过就云华夫人的故事中可以先提出一点来谈谈。《淮南子·览冥篇》有女娲积芦灰以止淫水的话，可知古来相传女娲是助禹治水的。云华夫人助禹治水的方法虽神怪化了，但治水这主干的事实并没变。云华夫人即涂山氏，则女娲亦即涂山氏了。

《集仙录》虽把高唐神女与涂山氏合为一人，但我仍然不主张她们本是一人。我仍然相信她们以及旁的中国古代民族的先妣，都是从某一位总先妣分化出来的，这位总先妣，我从前想许就是西王母。《集仙录》上说云华夫人是王母第二十三女，当然是后世道家捏造的谱系，但说不定这个谎给他们撒得几分对了。最后有一件事，也是前次想到而未敢说出的，现在得了《集仙录》这点新材料，我才感觉把握较多点。我想涂社古音近，涂或即社的音变，而涂山实即社山。高唐即郊社，上文已经说过。现在我们又可以说涂唐社都是一声之转了。

《清华学报》第10卷第4期，1935年。

第五章　东皇太一考

一

作为天神的太一，在古代哲学家的概念里，是宇宙的本体，一种不可思议的超自然力。

> 《淮南子·诠言篇》："洞同天地，浑沌为朴，未造而成物，谓之太一。"注云："太一，天[1]神总万物者。"

他创作了一切，

> 《吕氏春秋·大乐篇》："太一出两仪，两仪出阴阳。"《注》云："万物所出，造于太一，化于阴阳。"
> 《礼记·礼运篇》："是故礼必本于太一，分而为

天地，转而为阴阳，变而为四时。”

支配着一切，

　　《淮南·本经篇》：“太一者，牢笼天地，弹压山川，含吐阴阳，伸曳四时，纪纲八极，经纬六合。”

道家称之为道，

　　《吕氏春秋·大乐篇》：“道也者，至精也，不可为形，不可为名，强为之名[2]，谓之太一。”
　　《庄子·天下篇》：“关尹老聃……主之以太一。”

《易传》称之为太极，

　　《易·系辞》上传：“是故易有太极，是生两仪，两仪生四象，四象生八卦。”虞翻《注》：“太极，太一也，今为天地，故生两仪也。”

《纬》书称之为元苞，

> 《易是类谋》："天以变化，地以纪州，人以受国，
> 三节同本，同出元苞。"郑《注》："天地同出元苞，谓
> 太极混沦之义也矣。"

把这种权能人格化了，在盘古的故事没有出现以前[3]，传说的古代帝王中，我们以为只有伏羲才当得起。

讲到伏羲，便不能和女娲分开，因为他们是以夫妇而并御天下的。

> 《易乾凿度》郑《注》："女娲……道（导）人神
> 运轴，腾天元气，令物生生相续，新新不停。"
> 《说文·女部》："娲，古之神圣女，化生万物者
> 也。"

女娲是创造万物的，所以《天问》曰："女娲有体，孰制匠之？"意谓万物的形体是女娲造的，女娲的形体又是谁造

的呢？这些虽是女娲的传说，其实也包括了伏羲。至于关于伏羲自己的这类的原始传说，则多因儒者的"艾凡每"化的改造而湮没了。然而偶尔也留下了一些痕迹，例如在画八卦的故事里，八卦既然代表宇宙，画八卦便象征着创造宇宙。八卦当然不可能是某一个人的发明，但传说不把这功绩送给任何旁的一个圣人，而单送给伏羲，确乎是有着一个历史的原因的。

不管是化生万物，或创造宇宙，总归得有一个先决条件，那便是，他必须是最首先出世的一个人。这一层，文献上倒是坦白地承认了的。《汉书·古今人表》列宓羲氏第一，《律历志》引《世经》曰："炮牺维天而王，为百王先首。"《武梁祠刻石》的古帝王画像中，也是以伏羲为首，并有题字曰："伏羲苍精，始造王业。"证以《管子·轻重戊篇》："自理国虙戏以来，未有不以轻重而能成其王者也。"《荀子·成相篇》："文武之道同伏戏"[4]等语，可知这确是先秦以来的旧说。其实，以"百王先首"或"始造王业"来说明伏羲年代之久远，还只是据人类社会组织发展到国家形式的阶段以后的观念立说的。国家的出现，在整部人类历史的进程中，只算得是昨天的事，而伏羲，照真正原始的传说，应该是人类历史最初一页上的最初一个人物。《广雅·释天》说："天地辟设，人皇以来，至鲁哀公十有四年，积二百七十六万岁。"人皇即伏羲。案《广雅》的语气，开天辟地之后，就有伏羲。这个说法，大概是根据《纬》书的[5]，一般说来，《纬》书是比较能保存原始传说的真相的。

既然承认了伏羲是开天辟地后最先出现的人物，这便意味着宇宙间的一切都是他创造的，因而他的权能就非有如上揭诸书所形容的太一那样不可了。

以上我们比较了太一和伏羲的权能与功绩，觉得他们很有些类似，因而推测太一许就是伏羲的化名。截至目前为止，这只是一个假设，根据这假设，下面我们便开始搜求证据了。

二

我们刚才指出伏羲是最初的人和最初的王的时候，我们曾立刻想起那和伏羲联系着的一串名号中的"太'或

"泰"的意义。太本训始训初，伏羲是最初的人和最初的王，所以他又有"泰氏""太皇"或"泰皇"，"泰帝"或"太帝"，和"太皞"等名号。

《史记·秦本纪》载王绾等奏曰："古有天皇，有地皇，有泰皇，泰皇最贵。"《路史·前纪》二引《春秋后语》云："泰皇乃人皇。"《尚书大传·略说》："伏羲以人事纪，故托戏皇于人。"这就是说，人皇即伏羲，也就是泰皇。至于伏羲称泰帝或太帝，见于《史记·封禅书》索隐引孔文祥云："泰帝，泰昊也。"《汉书·郊祀志》注作："泰帝，泰昊伏羲氏也。"又《荀子·正论篇》："何世而无嵬，何时而无琐，自太皞、燧人莫不有也。"《周书·太子晋篇》："自太皞以下，至于尧舜禹，未有一姓而再有天下者。"这都是以太皞为最初的帝王。前面我们讲过，伏羲是最初的帝王。如果最初的不容许有两个，那么太皞、伏羲就不可能是二人，而是一人两个称呼了[6]。考《纬》书以下所记有人名的三皇说，凡有四种，都以伏羲居首。这就是说，伏羲是最初的帝王。

《庄子·应帝王篇》："有虞氏不及泰氏。"注家都不知道泰氏是谁。其实就字面讲，氏是尚未形成国家组织的氏

【元】张渥绘《九歌图卷》（局部）东皇太一

族社会（或部落社会），泰即太字，训始训初，泰氏即最初的氏族（部落）。按照上述的理由，泰氏应该就是伏羲氏。伏羲本是氏族名，同时又是人名。《庄子》又说："泰氏其卧徐徐，其觉于于，一以己为马，一以己为牛，不知情（诚）信，其德甚真，而未始入于非人。"这种生活，正合于一般原始氏族社会的景况。

《史记·始皇本纪》："天皇、地皇、泰皇。"《封禅书》作"天一、地一、太一"。《郊祀志》："画天、地、泰一诸神。"是泰皇即太一。《淮南子·天文篇》《春秋元命苞》都称紫宫为"太一常居"，这紫宫就在悬圃之上，所以《甘泉赋》说："配帝居之悬圃兮，象泰（太）一之尊神。"而《淮南子·墬形篇》："……或上陪之，是谓悬圃……或上陪之，乃维上天，登之乃神，是谓太帝之居。"所以《春秋合诚图》曰："紫微太帝室，太一之精也。"《史记·封禅书》载武帝时公卿大夫说："太（《汉书·郊祀志》作泰）帝使素女歌五十弦瑟。"《淮南子·俶真篇》注曰："白雪，师旷所奏太一五十弦之琴乐曲。"（《览冥篇》注作"太乙五十弦琴瑟乐名。"）案高诱的意思，太帝就是太一，也是很明显的。

193

太一又称东皇太一，则东皇也就是伏羲。《离骚》："诏西皇使涉予。"《史记·淮南衡山王传》载伍被述徐福语曰："臣见海中大神曰：'汝西皇之使耶？'"又《远游》："遇蓐收乎西皇。"当指西皇之山（西皇之山，见《西山经》）。神名东皇，显然是对西皇而言的，犹山名东皇（见《后汉书·郡国志》注），最初也当是对西皇之山而言的。西皇是少皞（《封禅书》："秦襄公既侯，居西陲，自以主少皞之神，作西畤，祠白帝。"），则东皇必是太皞。五帝系统中之太皞即三皇系统中之伏羲，东皇是太皞，也便是伏羲了。《西山经（次二）》记"皇人之山……西三百里曰中皇之山……又西三百五十里曰西皇之山。"皇人之山在西皇之山的东面，可能就是东皇之山，如今称为皇人之山，我想皇人或许是人皇之倒。人皇就是伏羲。如果此说不错，也是东皇即伏羲之一证。太一既称东皇太一，东皇是伏羲，则太一也必定是伏羲了。

伏羲是苗族传说中全人类共同的始祖，这在芮逸夫《苗族洪水故事与伏羲女娲的传说》中已经讲过，我这里不重复了。如前面所说，伏羲即太一，那么楚人为什么祭他呢？

这是因为楚地本是苗族的原住地，楚人自北方移殖到南方，征服了苗族，依照征服者的惯例，他们接受了被征服者的宗教，所以《九歌》里把太一当作自家的天神来祭，而《高唐赋》叙述楚襄王的故事，也说到"醮诸神，礼太一"。汉高祖本是楚人，武帝时士谬忌表祭祀太一的仪注说："天神贵者太一……古者天子以春秋祭太一东南郊。"不能说是完全没有根据的。

　　这是一篇未完成的遗稿。据手稿照相复制件整理而成。第二节第一段以上是原稿，以下则是整理者依据几份残缺不完的手稿缀连而成。闻先生认为《九歌》是楚郊祀东皇太一歌。东皇太一即伏羲，伏羲是苗族传说中的人类始祖，也是天神。楚人移居苗地，信奉苗族宗教，因而把伏羲当作始祖，当作天神祭祀。文章虽未写完，看来意思还是清楚的。

——范宁附记

注释：

[1] 本作元，误。

[2] 从毕沅补。

[3] 三国时徐整的《三五历记》最初记载盘古传说。

[4] 意谓远如伏羲，近如文武，其道皆同。又《荀子·正论篇》："自太皞、燧人，莫不有也。"《周书·太子晋篇》："自太皞以下，至于尧舜禹，未有一姓而再有天下者。"皆以太皞为最古的帝王，太皞亦即伏羲。

[5]《续汉书·律历志》注引蔡邕议"《元命苞》《乾凿度》皆以为开辟至获麟，二百七十六万岁"。

[6] 相传伏羲即太昊，崔述及近人多疑之。验之古籍旧说，似不为无据。举二证以明之。《左传·昭公十七年》郯子云："太皞以龙纪，故为龙师而龙名。"《文选·鲁灵光殿赋》注引《玄中记》："伏羲龙身。"案伏羲龙身，太皞龙名，伏羲风姓，太皞亦风姓，是伏羲即太皞，其证一。《汉书·律历志》："炮牺继天而王，为百王先首，德始于木，故为帝太昊。"又《汉书·古今人表》："太昊帝宓羲氏。"此其证二。

第六章 什么是九歌

一、神话的九歌

传说中九歌本是天乐。赵简子梦中升天所听到的"广乐九奏万舞",即《九歌》与配合着《九歌》的韶舞。(《离骚》"奏九歌而舞韶兮"。)《九歌》自被夏后启偷到人间来,一场欢宴,竟惹出五子之乱而终于使夏人亡国。这神话的历史背景大概如下。《九歌》韶舞是夏人的盛乐,或许只郊祭上帝时方能使用。启曾奏此乐以享上帝,即所谓钧台之享。正如一般原始社会的音乐,这乐舞的内容颇为猥亵。只因原始生活中,宗教与性爱颇不易分,所以虽猥亵而仍不妨为享神的乐。也许就在那次郊天的大宴享中,启与太康父子之间，为着有仍二女（即"五子之母"）起了冲突。事态扩大到一种程度，太康竟领着弟弟们造起反来，结果敌人——夷羿乘虚而入，把有夏灭了。（关于此事，另有考证。）启享天神，本是启请客。传说把启请客弄成启被请，于是乃有启上天作客的故事。这大概是因为所谓"启宾天"的"宾"字（《天问》"启棘宾商"即宾天，《大荒西经》"开上三嫔于天"，"嫔""宾"同），本有"请客"与"作客"二义，而造成的结果。请客既变成作客，享天所用的乐便变为天上的乐，而奏乐享客也就变为作客偷乐了。传说的错乱大概只在这一点上，其余部分说启因《九歌》而亡国，却颇合事实。我们特别提出这几点，是要指明《九歌》最古的用途及其带猥亵性的内容，因为这对于下文解释《楚辞·九歌》是颇有帮助的。

二、经典的九歌

《左传》两处以九歌与八风、七音、六律、五声连举（昭二十年，二十五年），看去似乎九歌不专指某一首歌，而是歌的一种标准体裁。歌以九分，犹之风以八分，音以七分……那都是标准的单位数量，多一则有余，少一则不足。歌的可能单位有字、句、章三项。以字为单位者又可分两种。（一）每句九字——这句法太长，古今都少见。（二）每章九字，实等于章三句，句三字——这句法又嫌太短。以上似乎都不可能。若以章为单位，则每篇九章，连《诗经》里都少有。早期诗歌似乎不能发展到那样长的篇幅，所以也不可能。我们以为最早的歌，如其是以九为标准的单位数，那单位必定是句——便是三章，章三句，全篇共九句。不但这样篇幅适中，可能性最大，并且就"歌"字的意义看，"九歌"也必须是每歌九句。"歌"的本音应与今语"啊"同，其意义最初也只是唱歌时每句中或句尾一声拖长的"啊……"（后世歌辞多以"兮"或"猗""为""我""乎"等字拟其音。）故《尧典》曰"歌永言"，《乐记》曰"故歌之为言也，长言之也"。然则"九歌"即九"啊"。九歌是九声"啊"，而"啊"又必在句中或句尾，则九歌必然是九句了。《大风歌》三句共三用"兮"字，《史记·乐书》称之为"三侯之章"，"兮""侯"音近，"三侯"犹言"三兮"。

《五噫诗》五句，每句末于"兮"下复缀以"噫"，全诗共用五"噫"字，因名之曰"五噫"。九歌是九句，犹之三侯是三句，五噫是五句，都是可由其篇名推出的。

全篇九句即等于三章，章三句。《皋陶谟》载有这样一首歌。（下称《元首歌》）

元首起哉！股肱喜哉！百工熙哉！
元首明哉！肌肱良哉！庶事康哉！
元首丛脞哉！股肱惰哉！庶事隳哉！

唐立庵先生根据上文"箫韶九成""帝用作歌"二句，说它便是《九歌》。这是很重要的发现。不过他又说即《左传》文七年郤缺引《夏书》"戒之用休，董之用威，劝之以九歌，勿使坏"之九歌，那却不然。因为上文已证明过，书传所谓九歌并不专指某一首歌，因之《夏书》"劝之以九歌"只等于说"劝之以歌"。并且《夏书》三句分指礼、刑、乐而言，三"之"字实谓在下的臣民，而《元首歌》则分明是为在上的人君和宰辅发的。实则《元首歌》是否即《夏书》

所谓九歌，并不重要，反正它是一首典型的《九歌》体的歌（因为是九句），所以尽可称为《九歌》。

和《元首歌》格式相同的，在《国风》里有《麟之趾》《甘棠》《采葛》《著》《素冠》等五篇。这些以及古今任何同类格式的歌，实际上都可称为《九歌》。（就这意义说，九歌又相当于后世五律、七绝诸名词。）九歌既是表明一种标准体裁的公名，则神话中带猥亵性的启的九歌，和经典中教诲式的《元首歌》，以及《夏书》所称而郤缺所解为"九德之歌"的九歌，自然不妨都是九歌了。

神话的九歌，一方面是外形固守着僵化的古典格式，内容却在反动的方向发展成教诲式的"九德之歌"一类的九歌；一方面是外形几乎完全放弃了旧有的格局，内容则仍本着那原始的情欲冲动，经过文化的提炼作用，而升华为飘然欲仙的诗——那便是《楚辞》的《九歌》。

三、《东皇太一》《礼魂》何以是迎送神曲

前人有疑《礼魂》为送神曲的，近人郑振铎、孙作云、

丁山诸氏又先后一律主张《东皇太一》是迎神曲。他们都对，因为二章确乎是一迎一送的口气。除这内在的理由外，我们现在还可举出一般祭歌形式的沿革以为旁证。

迎神送神本是祭歌的传统形式，在《宋书·乐志》里已经讲得很详细了。再看唐代多数宗庙乐章，及一部分文人作品，如王维《祠渔山神女歌》等，则祭歌不但必须具有迎送神曲，而且有时只有迎送神曲。迎送的仪式在祭礼中的重要性于此可见了。本篇既是一种祭歌，就必须含有迎送神的歌曲在内；既有迎送神曲，当然是首尾两章。这是常识的判断，但也不缺少历史的证例。以内容论，汉《郊祀歌》的首尾两章——《练时日》与《赤蛟》，相当于《九歌》的《东皇太一》与《礼魂》（参看原歌便知）。谢庄又仿《练时日》与《赤蛟》作宋《明堂歌》的首尾二章（《宋书·乐志》："迎送神歌，依汉《郊祀》三言四句一转韵。"），而直题作《迎神歌》《送神歌》。由《明堂歌》上推《九歌》，《东皇太一》《礼魂》是迎送神曲，是不成问题的。

【元】张渥绘《九歌图卷》（局部）湘夫人

　　或疑《九歌》中间九章也有带迎送意味，甚至明出迎
送字样的（《湘夫人》"九嶷缤兮并迎"，《河伯》"送美人兮

南浦"），怎见九章不也有迎送作用呢？答：九章中的迎送是歌中人物自相迎送，或对假想的对象迎送，与二章为致祭者对神的迎送迥乎不同，换言之，前者是粉墨登场式的表演迎送的故事，后者是实质的迎送的祭典。前人混为一谈，所以纠缠不清。

除去首尾两章迎送神曲，中间所余九章大概即《楚辞》所谓《九歌》。《九歌》本不因章数而得名，已详上文。但因文化的演进，文体的篇幅是不能没有扩充的。上古九句的《九歌》，到现在——战国，涨大到九章的《九歌》，乃是必然的趋势。

四、被迎送的神只有东皇太一

《东皇太一》既是迎神曲，而歌辞只曰"穆将愉兮上皇"（上皇即东皇太一），那么辞中所迎的，除东皇太一外，似乎不能再有别的神了。《礼魂》是作为《东皇太一》的配偶篇的送神曲——这里所送的，理论也不应超出先前所迎的之外。其实东皇太一是上帝，祭东皇太一即郊祀上帝。

只有上帝才够得上受主祭者楚王的专诚迎送。其他九神，论地位都在王之下，所以典礼中只为他们设享，而无迎送之礼。这样看来，在理论原则上，被迎送的又非只限于东皇太一不可。对于九神，既无迎送之礼，难怪用以宣达礼意的迎送神的歌辞中，绝未提及九神。

但请注意：我们只说迎送的歌辞和迎送的仪式所指的对象，不包括那东皇太一以外的九神。实际上九神仍不妨和东皇太一同出同进，而参与了被迎送的经验——甚至可以说，被"饶"给一点那样的荣耀。换言之，我们讲九神未被迎送，是名分上的未被迎送，不是事实的。谈到礼仪问题，当然再没有比名分观念更重要的了。超出名分以外的事实，在礼仪的精神下，直可认为不存在。因此，我们还是认为未被迎送，而祭礼是专为东皇太一设的。

五、九神的任务及其地位

祭礼既非为九神而设，那么他们到场是干什么的？汉《郊祀歌》已有答案："合好效欢虞太一……《九歌》毕奏斐然殊。"《郊祀歌》所谓"九歌"可能即《楚辞》十一章中之九章之歌（详下）；九神便是这九章之歌中的主角，原来他们到场是为着"效欢"以"虞太一"的。这些神道们——实际是神所"凭依"的巫们——按照各自的身份，分班表演着程度不同的、哀艳的或悲壮的小故事，情形就和近世神庙中演戏差不多。不同的只是在当时，戏是由小神们做给大神瞧的，而参加祭礼的人们是沾了大神的光而得到看热闹的机会；现在则专门给小神当代理人的巫既变成了职业戏班，而因尸祭制度的废弃，大神只是一只"土木形骸"的偶像，并看不懂戏，于是群众便索性把他撇开，自己霸占了戏场而成为正式的观众了。

九神之出现于祭场上，一面固是对东皇太一"效欢"，一面也是以东皇太一的从属的资格来受享。效欢时立于主人的地位替主人帮忙，受享时则立于客的地位作陪客。作陪凭着身份（二三等的神），帮忙仗着伎能（唱歌与表情）。九神中身份的尊卑既不等，伎能的高下也有差，所以他们的地位有的作陪的意味多于帮忙，有的帮忙的意味多于作陪。然而作陪也是一种帮忙，而帮忙也有吃喝（受享），所以二者又似可分而不可分。

六、二章与九章

因东皇太一与九神在祭礼中的地位不同，所以二章与九章在十一章中的地位也不同。在说明这两套歌辞不同的地位时，可以有宗教的和艺术的两种相反的看法。就宗教观点说，二章是作为祭歌主体的迎送神曲，九章即真正的《九歌》，只是祭歌中的插曲。插曲的作用是凑热闹，点缀场面，所以可多可少，甚至可有可无。反之，就艺术观点说，九章是十一章中真正的精华，二章则是传统形式上一头一尾的具文。《楚辞》的编者统称十一章为"九歌"，是根据艺术观点，以中间九章为本位的办法。《楚辞》是文艺作品的专集，编者当然只好采取这种观点。如果他是《郊祀志》的作者，而仍采用了这样的标题，那便是犯了反客为主和舍己从人的严重错误。因为根据纯宗教的立场，十一章应改称"楚《郊祀歌》"，或更详明点，"楚郊祀东皇太一《乐歌》"；而《九歌》这称号是只应限于中间的九章插曲。或许有人要说，

【元】张渥绘《九歌图卷》(局部) 国殇

启享天神的乐称《九歌》,《楚辞》概称祀东皇太一的全部
乐章为《九歌》,只是沿用历史的旧名,并没有什么重视《九
歌》艺术性的立场在背后。但他忘记诸书谈到启奏《九歌》
时不满的态度。不是还说启因此亡国吗?须知说启奏《九

歌》以享天神，是骂他胡闹，不应借了祭天的手段来达其"康娱而自纵"（《离骚》）的目的，所以又说"章闻于天，天用弗式"（《墨子·非乐篇》引《武观》）。他们言外之意，祭天自有规规矩矩的音乐，那太富娱乐性的《九歌》是不容搀进祭礼来以亵渎神明的。他们反对启，实即反对《九歌》，反对《九歌》的娱乐性，实即承认了它的艺术性。在认识《九歌》的艺术性这一点上，他们与《楚辞》的编者没有什么不同。不过在运用这认识的实践行为上，他们是凭那一点来攻击启，《楚辞》的编者是凭那一点来欣赏文艺而已。

七、九章的再分类

不但十一章中，二章与九章各为一题，若再细分下去，九章中，前八章与后一章（《国殇》）又当分为一类。八篇所代表的日、云、星（指司命，详后）、山、川一类的自然神，（《史记·留侯世家》"学者多言无鬼神，然言有物"，物即自然神）。依传统见解，仿佛应当是天神最贴身的一群侍从。

这完全是近代人的想法。在宗教史上，因野蛮人对自然现象的不了解与畏惧，倒是自然神的崇拜发生得最早。次之是人鬼的崇拜，那是在封建型的国家制度下，随着英雄人物的出现而产生的一种宗教行为。最后，因封建领主的逐渐兼并，直至大一统的帝国政府行将出现，像东皇太一那样的一神教的上帝才应运而生。八章中尤其《湘君》《湘夫人》等章的猥亵性的内容（此其所以为淫祀），已充分暴露了这些神道的原始性和幼稚性。（苏雪林女士提出的人神恋爱问题，正好说明八章宗教方面的历史背景，详后。）反之，《国殇》却代表进一步的社会形态，与东皇太一的时代接近了。换言之，东君以下八神代表巫术降神的原始信仰，《国殇》与东皇太一则是进步了的正式宗教的神了。我们发觉《国殇》与东皇太一性质相近的种种征象，例如祭国殇是报功，祭东皇太一是报德，国殇在祀家的系统中当列为小祀，东皇太一列为大礼等等都是。这些征象都使国殇与东皇太一贴近，同时也使它去八神疏远。这就是我们将九章又分为八神与《国殇》二类的最雄辩的理由。甚至假如我们愿走极端，将全部十一章分为二章（《东皇太一》《礼魂》），一章（《国殇》），与八章三个平列的大类，似亦无不可。我们所以不那样做，是因为那太偏于原始论的看法。在历史上，东皇太一、国殇与八神虽发生于三个不同的文化阶段，而各有其特殊的属性，但那究竟是历史。在《九歌》的时代，国殇恐怕已被降级而与八神同列了。至少楚国制定乐章的有司，为凑足九章之歌的数目以合传统《九歌》之名，已决意将国殇排入八神的班列，而让它在郊祀东皇太一的典礼里，分担着陪祀意味较多的助祀的工作。（看歌辞八章与《国殇》皆转韵，属于同一型类，制定乐章者的意向益明。）他这安排也许有点牵强，但我们研究的是这篇《九歌》，我们的任务是了解制定者用意，不是修改他的用意。这是我们不能不只认八章与《国殇》为一大类中之两小类的另一理由。

为醒目，我们再将上述主要各点依一种新的组织制成下表。

外形	情调	似类	内容的特征与情调	曲	祀级	祀性	报	神物	主体/客体	神名
长短句（转韵）	哀艳	似风（恋歌）	用独白或对话的形式抒写悲欢离合的情绪	杂曲（九章）	助祀	淫祀		（自然神）物	客体	东君、云中君、湘君、湘夫人、大司命、少司命、河伯、山鬼
七字句	悲壮	似雅（挽歌）	叙述战争的壮烈，颂扬战争的英勇		小祀	陪祀	报功	鬼	客体	国殇
长短句（不转韵）	肃穆	似颂（祭歌）	铺叙祭礼的仪式和过程	迎神曲 送神曲（二章）	大祀	正祀	报德	神	主体	东皇太一

有些意思，因行文的限制，上文来不及阐明的，大致已在表中补足了。

八、"赵代秦楚之讴"

《汉书·礼乐志》曰：

> 武帝定郊祀之礼，祠太一于甘泉……乃立乐府，采诗夜诵，有赵、代、秦、楚之讴。以李延年为协律都尉，多举司马相如等数十人造为诗赋，略论律吕，以合八音之调，作为十九章之歌。以正月上辛用事圜丘，使童男女七十人俱歌，昏祠至明。

"有赵、代、秦、楚之讴"对我们是一句极关重要的话，因为经我们的考察，九章之歌所代表诸神的地理分布，恰恰是赵、代、秦、楚。现在即依这国别的顺序，逐条分述如下：

1.《云中君》

罗膺中先生曾据"览冀州兮有余"及《史记·封禅书》"晋巫祠五帝东君、云中君，……"之语，说云中即云中郡之云中，这是一个重要的发现。云中是赵地（《史记·赵世家》：“武灵王……欲从云中、九原直南袭秦。”），赵是三晋之一，正当古冀州城。

【元】张渥绘《九歌图卷》（局部）云中君

2.《东君》

依照以东方殷民族为中心的汉族本位思想，日神羲和是女性（《大荒南经》“有女子名羲和……帝俊之妻，生十日”，《七发》“神归日母”），但《九歌》的日神东君是男性

（《九歌》诸神凡称"君"的，皆男性），可能他是一位客籍的神。《史记·赵世家》索隐引谯周曰"余尝闻之，代俗以东西阴阳所出入，宗其神谓之王母父"，阴阳指日月（《大戴记·曾子天圆篇》"阳之精气日神，阴之精气月灵"），似乎以日为阳性的男神，本是代俗。据《封禅书》，东君也是晋巫所祠，代地本近晋，古本歌辞次第，《东君》在《云中君》前（今本错置，详拙著《楚辞校补》），是以二者相次为一组的。《史记·封禅书》及《索隐》引《归藏》亦皆东君、云中君连称。这种排列，大概是依农业社会观念，象征着两个对立的重要自然现象——晴与雨的。云中君在赵，东君的地望想必与他相近，不然是不会和他排在一起的。

3.《河伯》

《穆天子传》一"天子西征，骛行至阳纡之山，河伯无冯夷之所都"，据《尔雅·释地》与《淮南子·地形篇》，阳纡是秦的泽薮，可见河伯本是秦地的神，所以祭河为秦国的常祀。《史记·六国年表》"秦灵公八年，初以君主妻河"，《封禅书》"及秦并天下，令祠官所常奉天地名山大川鬼神……水曰河，祠临晋"是其证。《封禅书》又曰"昔秦文公出猎，获黑龙（案即水神玄冥）。此其水德之瑞，于是秦更命河曰德水”，这是秦祀河的理论根据。

4.《国殇》

歌曰“带长剑兮挟秦弓”，罗先生据此疑国殇即《封禅书》所谓“南山巫祠南山秦中。秦中者二世皇帝”。我们以为说国殇是秦人所祀则可，以为即二世则不可。二世是赵高逼死在望夷宫中的，并非死于疆场。且若是二世，《九歌》岂不降为汉代的作品？但截至目前，我们尚无法证明《九歌》必非先秦楚国的乐章。

5.《湘君》《湘夫人》

这还是南楚湘水的神。即令如钱宾四先生所说，湘水即汉水，那还是在楚境。

6.《大司命》《少司命》

大司命见于金文《洹子（即田桓子）孟姜壶》，而《风俗通·礼典篇》也说“司命……齐地大尊重之”，似乎司命本是齐地的神。但这时似乎已落籍在楚国了。歌中空桑、九坑皆楚地名可证（《大招》“魂乎归徕，定空桑只”。“九坑”，《文苑》作“九冈”，九冈山在今湖北松滋县，即昭

【元】张渥绘《九歌图卷》（局部）大司命

十一年《左传》"楚子……用隐太子于冈山"之冈山）。《封禅书》且明说"荆巫祠司命"。

【元】张渥绘《九歌图卷》（局部）山鬼

7.《山鬼》

顾天成《九歌解》主张《山鬼》即巫山神女，也是《九歌》研究中的一大创获。详孙君作云《九歌·山鬼考》。我们也完全同意。然则山鬼也是楚神。

以上除2、4二项证据稍嫌薄弱，其余七项可算不成问题，何况以2属代，以4属秦，充其量只是缺证，并没有反证呢？"赵、代、秦、楚之讴"是汉武因郊祀太一而立的乐府中所诵习的歌曲，《九歌》也是楚祭东皇太一时所用的乐曲，而《九歌》中九章的地理分布，如上文所证，又恰好不出赵、代、秦、楚四国的范围，然则我们推测《九歌》中九章即《汉志》所谓"赵、代、秦、楚之讴"，是不至离事实太远的。并且《郊祀歌》已有"《九歌》毕奏斐然殊"之语，这《九歌》当亦即"赵、代、秦、楚之讴"。《礼乐志》称祭前在乐府中练习的为"赵、代、秦、楚之讴"，《郊祀歌》称祭时正式演奏的为《九歌》，其实只是一种东西。(《礼乐志》所以不称《九歌》而称"赵、代、秦、楚之讴"，那是因为"有赵、代、秦、楚之讴"一语是承上文"采诗夜诵"而言的。上文说"采诗"，下文点明所采的地域，文意一贯。)由上言之，赵、代、秦、楚既恰合九章之歌的地理分布，而《郊祀歌》又明说出《九歌》的名字，然则所谓"赵、代、秦、楚之讴"即《九歌》，更觉可靠了。总之，今《楚辞》所载

《九歌》中作为祀东皇太一乐章中的插曲的九章之歌，与夫汉《郊祀歌》所谓"合好效欢虞太一……《九歌》毕奏斐然殊"的《九歌》，与夫《礼乐志》所谓因祠太一而创立的乐府中所"夜诵"的"赵、代、秦、楚之讴"，都是一回事。

承认了九章之歌即"赵、代、秦、楚之讴"，我们试细玩九章的内容，还可发现一个有趣的现象。九章之歌依地理分布，自北而南，可排列如下：

《东君》	代
《云中君》	赵
《河伯》（《国殇》）	秦
《大司命》《少司命》《山鬼》	楚
《湘君》《湘夫人》	南楚

《国殇》是人鬼，我们曾经主张将他和那八位自然神分开。现在我们即依这见解，暂时撇开他，而单独玩索那代表自然神的八章歌辞。这里我们可以察觉，地域愈南，歌辞的气息愈灵活、愈放肆、愈顽艳，直到那极南端的《湘

君》《湘夫人》，例如后者的"搴余袂兮江中，遗余褋兮醴浦"二句，那猥亵的含义几乎令人不堪卒读了。以当时的文化状态而论，这种自北而南的气息的渐变，不是应有的现象吗？

九、楚九歌与汉郊祀歌的比较

虽然汉郊祀太一是沿用楚国的旧典，虽然汉祭礼中的用以娱神的《九歌》也就是楚人在同类情形下所用的《九歌》，但汉《郊祀歌》十九章与楚《九歌》十一章仍大有区别。汉歌十九章每章都是祭神的乐章。因为汉礼除太一外，还有许多次等的神受祭。但楚歌十一章中只有首尾的《东皇太一》与《礼魂》（相当于汉歌首尾的《练时日》与《赤蛟》），是纯粹祭神的乐章。其余九章，正如上文所说，都只是娱神的乐章。楚礼除东皇太一外，是否也有纯粹陪祭的次等神如汉制一样，今不可知。至少今《九歌》中不包含祭这次等神的乐章是事实。反之，楚歌将娱神的乐章（九章）与祭神的乐章（二章）并列而组为一套歌辞。汉歌则将娱神的乐章完全摒弃，而专录祭神的乐章。总之楚歌与汉歌相同的是首尾都分列着迎送神曲，不同的是中间一段，一方是九章娱神乐章，一方是十七章祭次等神的乐章。这不同处尤可注意。汉歌中间与首尾全是祭神乐章（迎送神曲也是祭神乐章），它的内容本是一致的，依内容来命名，当然该题作《郊祀歌》。楚歌首尾是祭神，中间是娱神，内容既不统一，那么命名该以何者为准，便有选择的余地了。若以首尾二章为准，自然当题作"楚《郊祀歌》"。现在它不如此命名，而题作《九歌》，可见它是以中间九章娱神乐章为准的。以汉歌与楚歌的命名相比较，益可证所谓《九歌》者是指十一章中间的九章而言的。

十、巫术与巫音

苏雪林女士以"人神恋爱"解释《九歌》的说法，在近代关于《九歌》的研究中，要算最重要的一个见解，因为她确实说明了八章中大多数的宗教背景。我们现在要补充的，是"人神恋爱"只是八章的宗教背景而已，而不是八章本身。换言之，八章歌曲是扮演"人神恋爱"的故事，不是实际的"人神恋爱"的宗教行为。而且这些故事之被扮演，恐怕主要的动机还是因为其中"恋爱"的成分，不是因为那"人神"的交涉，虽则"人神"的交涉确乎赋予了"恋爱"的故事以一股幽深、玄秘的气氛，使它更富于麻醉性。但须知道在领会这种气氛的经验中，那态度是审美的、诗意的，是一种 make believe，那与实际的宗教经验不同。《吕氏春秋·古乐篇》曰："楚之哀也，作为巫音。"八章诚然是典型的"巫音"，但"巫音"断乎不是"巫术"，因为在"巫音"中，人们所感兴趣的，毕竟是"音"的部分远胜于"巫"的部分。"人神恋爱"许可以解释《山海经》所代表的神话的《九歌》，却不能字面的 literally 说明《楚辞》的《九歌》。严格地讲，两千年前《楚辞》时代的人们对《九歌》的态度，和我们今天的态度，并没有什么差别。同是欣赏艺术，所差的是，他们是在祭坛前观剧———一种雏形的歌舞剧，我们则只能从纸上欣赏剧中的歌辞罢了。在深浅不同的程度中，古人和我们都能复习点原始宗教的心理经验，但在他们观剧时，恐怕和我们读诗时差不多，那点宗教经验是躲在意识的一个暗角里，甚至有时完全退出意识圈外了。

第七章　司命考

一、从空桑说起

从《大司命》"逾空桑兮从女"一语，我们猜着司命就是帝颛顼之佐，玄冥。

考颛顼的统治地区是空桑。《吕氏春秋·古乐篇》："帝颛顼生自若水，实处空桑。"这是明证。又《淮南子·本经篇》"共工振滔洪水，以薄空桑"，和《史记·律书》"颛顼有共工之陈（阵）以平水害"，所讲的都是颛顼与共工争帝的故事，《淮南子》所谓薄空桑即伐颛顼，因为空桑是颛顼的居地。空桑一作穷桑，《路史·后纪》八引《尚书大传》："穷桑，颛顼所居。"玄冥是颛顼之佐，所以他的居地也是空桑或穷桑。《左传·昭二十九年》蔡墨曰："脩及熙为玄冥，世不失职，遂济穷桑。"《九叹·远逝》："考玄冥于空桑。"这些又是玄冥居空桑的确证。歌曰："逾空桑兮从女。"又曰："导帝之兮九坑。"我们疑心司命即玄冥，所导之帝即帝颛顼。

二、虚北二星

《史记·天官书》曰："北宫玄武：虚，危"，这是五行说应用到天文学上，将虚危二星派作北方帝的分星。虚既是北方帝的分星，而北方帝是颛顼，所以虚又名颛顼之虚。(《尔雅·释天》："颛顼之虚，虚也。")但我们猜想，在天上既有星代表着颛顼，可能也就有星代表着作为颛顼之佐的玄冥。经过研究，我们才知道，这星有是有的，不过它不是以玄冥的名字出现，而是以司命的名字出现的。《月令》疏引熊氏转引石氏《星经》，和《开元占经·甘氏中官占篇》引甘氏《星经》都说"司命二星在虚北"，这靠近虚，即靠近颛顼的司命二星，无疑就是玄冥。

虚北的司命二星和另外的司禄二星、司危二星、司非二星，共总称为四司。《开元占经·甘氏中宫占篇》引《甘氏赞》曰："四司续功，采麻襄鹿。"四司的采麻和《大司命》的"折疏麻兮瑶华"，应该是一回事，虽则关于司命与麻的关系的详情，我们还没有获得充分的资料来予以说明。

三、冬与阴阳

五行系统中，北方帝主冬，《淮南子·天文篇》："北方，水也，其帝颛顼，其佐玄冥，执权而治冬。"冬的特征，据《月令》仲冬之月，说是"日短至，阴阳争，诸生荡"。所以"君子斋戒，处必掩，身欲宁……以待阴阳之所定"。这是说：冬至后，时而阴盛，时而阳盛，动荡不定，所以要"待阴阳之所定"。《大司命》的"壹阴兮壹阳"是以冬日的时阴时晴，变化无常，来象征阴阳二气动荡不定的状态。他说这现象是他"所为"的，正因为他是颛顼之佐，而颛顼是治冬的。

因为颛顼所主治的节季是冬，地区是属于虚星的分野的北方，所以虚星和冬，在五行家的概念中便发生了联系。《史记·律书》："虚者，能实能虚，言阳气冬则宛藏于虚，日冬至，则一阳下藏，一阴上舒，故曰虚。"这样解释虚字的意义，是否正确，是另一问题，但以阴阳变化来说明颛顼的星名，虚字的涵义，这和佐颛顼的大司命（玄冥）自称其行为为"壹阴兮壹阳"，倒是十分吻合的。

四、由空桑到九冈

《大司命》曰"逾空桑兮从女"，又曰"导帝之兮九坑"，旧校引《文苑》，坑作冈，冈是正字。空桑与九冈都是山名。这两座山究竟在哪里呢？

古代地名空桑的不只一处，但最初颛顼所统治的空桑当在北方。《北山经》："空桑之山，无草木，冬夏有雪，空桑之水出焉，东流注于虖沱。"郝懿行说它当在赵代间，大概是对的。我们以为颛顼所居的就是这个空桑。

《左传·昭十一年》："楚子灭蔡，用隐太子于冈山"，冈山，杜预《释例》只说它"必是楚地山"，而不能确指其地处。我们以为就是九冈山，王逸《机赋》："逾五岭，越九冈。"《古今图书集成》《方舆汇编》《职方典》《荆州府部》《山川考》二之五，松滋县"九冈山，去县治九十里，秀色如黛，蜿蜒虬曲"。《舆地□□》："荆州松滋县有九冈山，郢都之望也。"我们猜想楚祖颛顼的庙就在这山上，所以他们灭了敌国之后，就到这里来，用那最隆重的人祭的典礼，告庙献俘。本篇的九冈就是《左传》的冈山，"导帝之兮九冈"，帝即颛顼，前面已经证明过。

近代学者们早就疑心楚人是从北方迁徙到南方来的。大司命"逾（越了）空桑"之后，又"导帝之兮九冈"，这不只反映了颛顼的族人由北而南的移殖的事实，而且明确指出了那趟路程。

第八章　端午考

一、龙的节日

现存及记载中端午的特点（包括风俗与传说），有一点最当注意，那便是和龙有关的节目极多。最明显的（一）龙舟竞渡，不用讲。和竞渡同等重要的一个节目（二）吃粽子，据说也和龙有一段交涉。

《类聚》四引《续齐谐记》："屈原五月五日自投汨罗而死，楚人哀之，每至此日，辄以竹筒贮米，投水祭之。汉建武中，长沙欧回，白日忽见一人，自称三闾大夫，谓曰：'君常见祭，甚善。但常所遗，苦为蛟龙所窃。今若有惠，可以楝树叶塞其上，以五彩丝缚之。此二物，蛟龙所惮也。'回依其言。世人五日作粽，并带五色丝及楝叶，皆汨罗之遗风也。"

《荆楚岁时记》："端午……以菰叶裹黏米，谓之角黍。……或云亦为屈原，恐蛟龙夺之，以五采线缠饭投水中，遂袭云。"

《记纂渊海》二引《岁时记·尔雅翼》一八引作"屈原以夏至日赴湘流，百姓竞以食祭之，常苦为蛟龙所窃，以五色丝合楝叶缚之。"《太平寰宇记》一四五引《襄阳风俗记》："屈原五月五日投汨罗江，其妻每投食于水以祭之。原通梦告妻，所祭食皆为蛟龙所夺。龙畏五色丝及竹，故妻以竹为粽，以五色丝缠之。今俗其日皆带五色丝食粽，言免蛟龙之患也。"

夺粽子的不是鱼鳖，而单说蛟龙，必有某种传说的背景，不能仅仅说因粽子是投到水里的，便自然联想起蛟龙。此外还有些已经死去，而仅见于记载的风俗，也牵涉到龙，例如（三）扬州以端午日铸盘龙镜：

《锦绣万花谷前集》四引《异闻集》："天宝中，扬州进水心镜，背有盘龙。先有老人自称姓龙名护，至铸镜所，三日开户，已失所在。镜匠吕辉移炉置船，以五月五日于扬子江心铸之，背龙颇异。后大旱，祠龙，乃大雨。"

（四）并州因"龙忌"日，作寒食，纪念介子推：

《后汉书·周处传》"太原旧俗以介子推焚骸，有龙忌之禁，至其亡月，咸言神灵不乐举火，由是士民每冬日辄一月寒食，莫敢烟爨。"

但也有在五月五日举行的：

《类聚》四引《琴操》："介子绥……抱木而烧死，文公令民五月五日不得发火。"

《书钞》一五五引《邺中记》："并州俗以介子推

五月五日烧死，世人为其忌，故不举饷食。"

而且介子推的故事中又有《龙蛇歌》，其词见于《吕氏春秋·介立篇》。北方关于端午的传说尽管和南方不同，它所暗示与龙的关系，却是一样，说详下。（五）相传用守宫制成的一种保证贞操的秘药，是在端午日制的：

《古今合璧事类前集》一六引□□□："汉武帝时，以端午日取蜥蜴置之器，饲以丹砂，至明年端午捣之。以涂宫人臂，有犯则消没，不尔则如赤痣，故得守宫之名。"

而守宫一名龙子，这也昭示着端午和龙的因缘。最后（六）端午日还有鱼变为龙的传说。

《水经□水注》："如深水有异鱼。按正光元年五月五日，天气清爽，闻池中鎗鎗若钲鼓声，池水惊而沸。须臾雷电晦冥，有五色蛇自池上属于天，久之乃灭。波上水定，唯见一鱼在，其一变为龙。"

根据以上六个事例的启示，我们不妨就假定端午这节日的起源和龙有着密切的关系，并根据这前提，来对它的发展与意义，开始加以推测。但在确立前提以前，对于那些庞杂的端午传说，我们最好再检点一番，看它们能否再为我们在建立那前提的工作中，添加点依据；抑或显出十分矛盾的现象，使我们的前提根本不能成立。杜台卿在《玉烛宝典》卷五叙述端午的风俗时，屡次暗示这节日起源于南方。他说"菹龟蒸鱼，南方妨（疑好）食水族耳，非内地所行"，又说"南方民又竞渡……在北舳舻既少，罕有此事"，又引《吴歌》"五月节，菰生四五尺，缚作九子粽"，并说道"计止南方之事，遂复远流北土"。杜氏的观察，我们完全同意，并且还可以帮他一个证据。关于端午的起源，上面我们已经提到两种不同的说法，一是屈原，一是介子推。实则传说的分歧，尚不止此。又一说暗示这节日是起源于伍子胥的。

《世说新语·捷悟篇》注引《会稽典录》:"孝女曹娥者,上虞人,父盱,能抚节安歌,婆娑乐神,汉安二年五月五日,于县江迎伍君神,泝涛而上,为水所淹,不得其尸。……"

《曹娥碑》:"孝女曹娥者,上虞曹盱之女也。盱能抚节按歌,婆娑乐神,以汉安二年五月时,迎伍君,逆涛而上,为水所淹。"(《古文苑》八)

还有说是起于越王勾践的。

《记纂渊海》二引《岁时记》:"越地传云竞渡起于越王句践。"

以上四说究竟哪一说可靠,或都不可靠,暂时不必管,我们应注意的是传说的地域分布,四分之三(屈原、伍子胥、勾践)属于南方,这和竞渡与吃粽子两个主要节目的地方性正相符合,因为竞渡与粽子的先决条件,显然是多河港与产稻米,而这二者恰好都是南方的特色。再就三说看,其中三分之二又是属于吴、越的（伍子胥、勾践），而铸水心镜的扬州，也属于这个区域，这点消息也是值得玩味的。书传中关于端午的记载，最早没有超过东汉，而事实上吴、越一带的开辟也是从这时开始的。因此我们可以推测，端午可能最初只是长江下游吴、越民族的风俗，自从东汉以来，吴、越地域渐被开辟，在吴、越文化与中原文化的对流中，端午这节日才渐渐传播到长江上游以及北方各地。这是一个合理的推测，详细的论据，等下文再陈说，暂时我们只想借它为出发点，来再测验一下端午与龙的关系。如果我们能证明吴、越与龙有某种不可分解的关系，那么我们前面所拟定的前提，即端午的起源与龙有着密切关系的前提，便果真可以成立了。

古传吴、越都是断发文身之国，这是大家熟习的事实。

《吴越春秋》二《阖闾内传》："越在东南，故立蛇门以制敌国。吴在辰，其位龙也，故小城南门上反羽（宇）为两鲵鳙，以象龙角。越在巳地，其位蛇也，故南大门上有木蛇北向首内，示越属于吴也。"

文身之文本是"龙文"：

> 《淮南子·泰族篇》许慎《注》："越人以箴刺皮
> 为龙文，所以为尊荣之也。"

其目的在"象龙子"，以避蛟龙之害。

> 《说苑·奉使篇》："诸发曰：'彼越……处海垂之
> 际，屏外蕃以为居，而蛟龙又与我争焉，是以剪发文
> 身，烂然成章，以象龙子者，将避水神也。'"
> 《汉书·地理志》下应劭《注》："（越人）常在水
> 中，故断其发，而文其身，以象龙子，故不见伤害也。"

所谓"象龙子"者，我认为是这些民族以龙为图腾的遗迹，
前著《从人首蛇身像谈到龙与图腾》一文中有详细讨论。
据《郑语》载史伯之说，祝融之后八姓中有芈姓，而越是
芈姓四国之一。祝融前文已证明即烛龙。祝融又即陆终（金

文《郑公钑钟》作陆鑫，鑫即古融字），以祝融八姓，《世本》《大戴礼记·帝系姓篇》及《史记·楚世家》均作六姓推之，恐怕陆终也就是所谓"六龙"。越是祝融六姓中的一个芈姓国，实际就等于六龙中的芈姓龙之后。这样说来，越人本是"龙子"，无怪他们要断发文身以"象龙子"。至于他们又称"禹之苗裔"，那还是离不开龙子的身份。禹也是一个龙图腾团族的代表，前文也已经证明了。《周语》上载内史过曰"昔夏之兴也，融降于崇山"，融即祝融，崇山及烛龙（祝融）所主的钟山：

　　《海外北经》："钟山之神，名曰烛阴。"郭注："烛龙也。"

　　《洞冥记》："东方朔北游钟火山，日月不照，有青龙衔烛，照山四极。"

可见禹和祝融还是一家。并且就在"融""禹"二字上，也可看出二人的关系来。"融"从"虫"，"禹"从"虫"，"虫""虫"为一字，即蛇的初文，而龙蛇古来本可以混称的。

总之，越与龙的关系，无论从哪一方面讲来，都是不容否认的。仔细说来，证据是举不完的，单是上面所谈的，已经够明白的了。

至于吴地的先住民族，也是断发文身的。我想就是越人，或他们的同族。越人的老家本在北方，后来逐渐南移，一部分停在如今江苏境内的，受着太伯仲雍的统治，便随着太伯仲雍的国号而被称为吴人，所以吴只是个政治区域的名词，论种族，他们与越人还是一家。《越绝书》（六）《越绝外传·纪策考》"吴越为邻，同俗并（並）土"。（七）《越绝外传·记范伯》："吴越二邦，同气共俗。"我们既已断定越人原本是一个龙图腾的团族，那么除太伯仲雍的后裔之外，所谓吴人者，也该是属于这龙图腾的团族。其实太伯仲雍逃到南方以后，既已改从当地断发文身的习俗，便接受了当地先住民族的图腾信仰，所以连太伯仲雍，和仲雍的后人，也当算作越人——因为所谓"种族"者，严格地讲，本只是文化和信仰的分野，而不是血缘的分野。总之，吴与越是一个民族，他们都是"龙子"，所以都断发文身，以"象龙子"。

一方面端午节日的活动项目中，有那样多与龙有关，一方面这风俗流行的历史最久，保存的色彩最浓厚的区域，因之也可以判定为这节日的发祥地的吴越，正是古代一个龙图腾团族的分布区，然则，我们不但可以确定前面提出的假设，说端午的起源与龙有着密切的关系，并且还可以进一步推测，说它就是古代吴越民族——一个龙图腾团族举行图腾祭的节日，简言之，一个龙的节日。汉人记载胡、越有"请龙"的风俗。

《淮南子·要略篇》："操舍开塞，各有龙忌。"许慎《注》曰："中国以鬼神之事曰忌，北胡、南越皆谓'请龙'。"

"请"字当训"朝请"，"请龙"实在就是"祭龙"。请龙的举动，一年之中似乎不止一次，端午可能就是越人一年中最盛大的一次请龙。请龙的风俗，胡越相同，而匈奴（即许慎所谓北胡）一年三次"龙祠"，以五月一次最为盛大，是我们最好的旁证。

《后汉书·南匈奴传》："匈奴俗岁有三龙祠，常以正月、五月、九月戊日祭天神。"

《史记·匈奴传》："五月大会茏（《汉书》作龙）城。"《索隐》引崔浩曰："西方胡皆事龙神，故名大会处为龙城。"

龙祠以五月的一次为最重要，还可以从它在戊日举行得到证明。《史记·匈奴传》又说他们"日上戊巳"，《月令》"中央土，其日戊巳，其帝黄帝……其数五"，戊巳和五在五行系统中是一套，而且黄帝即黄龙，所以祭龙重在五月，也是五行系统的安排。越和匈奴都奉龙为图腾，又都说是夏后氏的苗裔，他们本系同族，我们将另文讨论。在本题内，我们因越民族的史料缺乏，暂借匈奴的史料来解释越人的风俗信仰，是没有冒犯过大的危险的。

二、端午与五行

五行的起源想来很复杂，但有一点我们是可以断言的，是它最初必有某种实用的意义，而不仅是分析自然势力而加以排列的一种近乎思想游戏的勾当。我们的建议是，五行中最基本的观念是五方，而五方是一种社会政治组织形态的符号，兼宗教信仰的象征。依据图腾制度的通例，一个团族（clan）之下往往又分为几个支族（phratries）。我们疑心古代奉龙为图腾的团族之下有四个支族，每支族又各为一龙，共有五龙。

《水经·河水注》："奢延水又东迳肤施县南……东入五龙山……又东走，马水注之。水出西南长城北，阴周县故城南桥山……山上有黄帝冢故也。"《淄水注》："广固城……四周绝涧，阻水深隍……水侧山际，有五龙口。"

《水经·河水注》引《遁甲开山图》："五龙见教，

天皇被迹。"

《说文》:"戊，中宫也，象六甲五龙相拘绞。"

《魏文帝杂占》:"黄帝祥图，五龙舞沙。"

《水经·河水注》:"河水又东经五龙坞，北坞临长河有五龙祠。应劭云昆仑山庙在河南荥阳县，疑即此祠。所未详。"

《汉书·地理志》:"（肤施）县有五龙山。"

《鬼谷子·阴符篇》:"盛德法五龙。"陶弘景《注》曰:"五龙，五行之龙也。"

郭璞《游仙诗》:"奇龄迈五龙。"

五龙用五个色彩区分，所以龙是五色的名目。由图腾崇拜演化为祖宗崇拜。于是五色龙也就是五色帝。宗教信仰到了祖宗崇拜的阶段，社会组织也由图腾变为国家，所以五帝是天神，又是人王。图腾时期，四支族的四龙各治一方，而以团族的一龙为中央共主，所以有五龙分治五方之说。

《遁甲开山图》荣氏解："五龙，昆弟四人，长曰角龙，木仙也；次曰征龙，火仙也；次曰商龙，金仙也；次曰羽龙，水仙也；父曰宫龙，土仙也。父与诸子同得仙，治在五方，为五行神。"

《类聚》九八引《瑞应图》："黄龙者，四龙之长，四方之正色，神灵之精也。"

五龙分治五方，在国家形态出现以后，便是一个共主统治着四方的诸侯，黄帝立四面的传说，便是由此而起的。

《御览》七九引《尸子》："子贡问孔子曰：'古者黄帝立四面，信乎？'孔子曰：'黄帝取合己者四人，使治四方……此之谓四面也。'"

《吕氏春秋·本味篇》："故黄帝立四面。"

魏文帝《以陈群为镇军司马懿为抚军诏》："昔者轩辕建四面之号。"

有时共主失去统治能力，诸侯起了觊觎之心：

> 蒋子《万机论》："黄帝之初……不好战伐，而四
> 帝各以方色交共谋之。"

共主与诸侯之间不免要来一场战争，如果共主胜了，

> 《孙子·行军篇》："凡此四军之利，黄帝之所以
> 胜四帝也。"

用图腾主义的术语说，便是中央的黄龙杀死四方四色的
龙了。

> 《墨子·贵义篇》："帝以甲乙杀青龙于东方，以
> 丙丁杀赤龙于南方，以庚辛杀白龙于西方，以壬癸杀
> 黑龙于北方。"

五方的龙，用彩色来区分，便是五色，已如上说。大概是
五色离开龙，而成为单纯的五种色素之后，太嫌空洞，于

是又借五种色彩相近的物质，即所谓五行的木、火、金、水、土（次第依《左传》）来象征青、赤、白、黑、黄，并依这五色的方位，又将五行分配给五方。五方的中央，性质本与其余四方不同，它是以共主的资格来统摄联系并调和四方的。五行是由五方展转生出的，所以配中央的土，其性质与其余四行也不同。

　　《郑语》："夫和实生万物，同则不继。以他平他谓之和，故能丰长而物生之。……故先王以土与金木水火杂以成万物。"

　　并且自然势力与五这个数字似乎没有必然的联系，五行之所以为五，想必脱胎于其他天成的五数，目下想到的，五方是一个可能的来源。至于"行"字的涵义，我以为就在字形里。古"行"字写作⽊，象衢道四出之形，行本只有四而称五行，正如方本只有四而称五方一样。这解释如果不错，就字面说，五行简直就是五方，因之上引《鬼谷子》陶弘景《注》"五龙，五行之龙也"，便等于说"五方之龙"；

《遁甲开山图》荣氏解"五龙……为五行神"，也等于说"五方神"。

我们谈了半天五行的起源，目的无非是要说明五龙观念起源之古，换言之，龙与五是分不开的，因为从图腾观点说，龙的数一开始就是五，而依我们的意见，龙正是图腾社会的产物，所以我们也只能从图腾的观点来谈它。一方面龙的数既是五，所以在图腾社会的背景之下，"五"便成为一个神圣个数，而发展成支配后来数千年文化的五行思想，一方面作为四龙之长的中央共主是第五条龙，所以"第五"便成为一个神圣的号数，至今还流行着的五月五日的端午节，便是那观念的一个见证。

最后我们应该补充一点，"端午"最初作"端五"：

张表臣《珊瑚钩诗话》二："端五之号，同于重九；角黍之事，肇于《风俗》。屈原怀沙忠死，后人每年以五色丝络粘粣而吊之，此其始也。后世以'五'字为'午'，则误矣。"（百川本）

《野客丛书》一一："今言五月五日曰重五。"

而"端"训"初"。

《类聚》四引《风土记》"仲夏端午，烹鹜角黍"，《注》："端，始也，谓五月初五日也。"

唐以前似乎任何一月的初五皆可称端午，不必五月。

《容斋随笔》一："唐玄宗以八月五日生，以其日为千秋节，张说上《大衍历序》云：'谨以开元十六年八月端午赤光照室之夜献之'，《唐类表》有宋璟《请以八月五日为千秋节表》，云'月惟仲秋，日在端午'，然则凡月之五日皆可称端午也。"

《野客丛书》一四："仆观《续世说》，齐暎为江西观察使，因德宗诞日端午为银瓶高八尺以献，是亦有端午之说。"

这更可见第五这号数的势力之大。至于后世改五为午，或系取其在一日之中的意思。巳午居十二支之中，犹之戊己居十干之中。中央之数五，午是中央之时，所以其价值也等于五，何况五、午声音又完全相同呢！上文讲过五与龙有不解之缘，节日中五的意义愈深厚，愈见其与龙的关系之密切。

三、彩丝系臂

有一种现已失传了的端午风俗，便是彩丝系臂。

《御览》三一引《风俗通》："五月五日以五彩丝系臂者，辟兵及鬼，令人不病温，亦因屈原。一名长命缕，一名续命缕，一名辟兵缯，一名五色缕，一名五色丝，一名朱索，又有条达等组织杂物，以相赠遗。"

《岁华纪丽》二《注》引《风土记》："以五彩缕造百索系臂，一名长命缕，一名辟兵缯，以相赠遗。"

《玉烛宝典》五引《荆楚岁时记》："士女或取……彩丝系臂，谓之长命缕。"

《事文类聚前集》九引《提要录》："北人端午，以杂丝结合欢索，缠手臂。"

宋章淳《端午帖子词》："九子黏箭玉粽香，五丝系臂宝符光。"

《风俗通》所谓"条达等组织杂物"，就是臂钏，繁钦《定情诗》"绕臂双条达"可证。

《野客丛书》一四引《卢氏新记》（当作《杂说》）："唐文宗一日问宰臣古诗'轻衫衬条脱'，条脱是何物，宰臣未对；上曰即今之腕钏，安妃有金条脱，是臂饰也。"

《南部新书》："大中间上赋诗有'金步摇'，未能对；令温飞卿续之，飞卿即以'玉条脱'应之。"

"玉条脱"见《真诰》第一篇。这些臂上的饰物，我们疑心是文身之遗。文身的主要部位本是手臂：

《赵策》二："祝发文身错臂，瓯、越之民也。"

而文身是象龙文，上文已经证明，雟西文夷的风俗也是很好的旁证。

《蜀中广记》三四引《九州要记》："雟之西有文夷人，身青而有文如龙鳞于臂胫之间。"

文身的习惯被放弃后，其遗意还保存在衣襟的文饰间，是一种方式：

柳宗元《咏壮俗》："饮食行藏总异人，衣襟刺绣作文身。"

以玉石之属刻作龙形系在臂上，是另一种方式：

《急就篇》："系臂琅玕虎魄龙。"

再一种方式则表现在系在肘后的印纽上：

　　《独断》上引卫宏（《汉旧仪》）："秦以前，民皆以金玉为印，龙虎纽，唯其所好。"

彩丝系臂，想来当初也是以象龙形的。这虽没有明证，但既是端午的风俗，而端午是个龙的节日，则结丝以象龙形是很可能的。龙形遗失后，便用五种颜色来象征五色龙。有时是用五种颜色的丝织物编成的。

　　《初学记》四引裴玄《新语》："五月五日集五彩缯，谓之辟兵。"

　　《御览》三一引《风俗通义》："五月五日集五色缯辟兵，余问服君，服君曰：'青赤白黑以为四方，黄为中央，襞方缀于胸前，以示妇人蚕功也。织麦䴉（䴉，麦茎也）悬于门，以示农功成。传声以"襞方"为"辟兵"耳。'"

服虔以"辟兵"为"辟方"的声误，说法很巧，但其"爱梵美"的嫌疑，一望可知。其实所谓"青赤白黑以为四方，黄为中央"已经明白地告诉我们五方龙。

四、守 宫

传说守宫对于妇人常有种种神秘的影响：

《御览》九四六引《淮南万毕术》："守宫涂脐，妇人无子。取守宫一枚，置瓮中，及蛇衣以新布密裹之，悬于阴处百日，治守宫蛇衣分等，以唾和之，涂妇人脐，磨令温，即无子矣。"

同上引《梦书》："守宫为寡妇着垣墙也。梦见守宫，忧寡妇人也。"

最常见的说法是防闲贞操的功能。

《御览》七三六引《淮南万毕术》："取守宫虫，

饵以丹砂，阴干，涂妇人身，男合即灭。"

《御览》九四六引《淮南万毕术》："守宫饰女臂，有文章。取守宫新合阴阳者，牝牡各一，藏之瓮中，阴干百日，以饰女臂，则生文章。与男子合阴阳，辄灭去。"

《御览》三一引《淮南万毕术》："取七月七日守宫阴干之，治合，以井花水和，涂女人身，有文章，则以丹涂之，不去者不淫，去者有奸。"

《博物志》："蜥蜴或名蝘蜓，以器养之，食以朱砂，体尽赤；所食满七斤，捣万杵，以点女人支体，终身不灭，故号曰守宫。"

《古诗》："爱惜加穷袴，防闲讬守宫。"

李贺《宫娃歌》："花房夜捣红守宫。"

李商隐《河阳诗》："巴西夜市红守宫，后房点臂斑斑红。"

这我们猜想也是一个图腾的遗迹。守宫本一名"龙子"：

《名医别录》陶《注》："蜥蜴……形大纯黄色者名蛇医；其次似蛇医而小形长尾，见人不动者，名龙子。"

《古今注》："蝘蜓一曰守宫，一曰龙子。"

吴普《本草》："石龙子一名守宫，一名山龙子。"

五、龙　舟

寻常舟船刻为龙形，本是吴、越一带的习俗。

应玚《灵河赋》："龙艘白鲤，越舲蜀艇。"

《意林》引杨泉《物理论》："龙舟整檝，王良不能执也；骥骣齐行，越人不能御也。"

马缟《中华古今注》上："孙权，吴之主也，时号舸为赤龙……言如龙之飞于天。"

和他们的文身一样，龙舟的目的，大概也是避蛟龙之害。这可以从船上图蛟和挂龙子幡得到暗示。

萧子显《南征曲》:"棹歌来扬女,操舟惊越人;图蛟怯水伯,照鹢竦江神。"

图蛟的目的在"怯水伯",意义是明显的。

《古诗为焦仲卿妻作》:"青雀白鹄舫,四角龙子幡。"

《襄阳乐》:"上水郎担篙,下水摇双橹;四角龙子幡,环环江当柱。"

《南史·臧质传》:"质封始兴郡公,之镇,亦平乘,并施龙子幡。"

越人文身以象龙子,船上挂龙子幡也无非是龙子的信号。为的是让蛟龙容易辨别,不致误加伤害。把整个的船刻成龙形,目的大概也是这样。

龙舟只是文身的范围从身体扩张到身体以外的用具,所以它是与文身的习惯同时存在的。图腾文化消逝以后,文身变相为衣服的衣饰,龙舟也只剩下"图蛟"和龙子幡一类的痕迹。但遇到宗教仪式时，古旧形态中的许多花样往往会全般出现，于是我们便看到穿着模拟文身的彩衣的水手们划着龙舟———幅典型图腾社会的"浮世绘"。

> 唐无名氏《竞渡歌》："鼓声三下红旗开，两龙跃出浮水来；棹影斡波飞万剑，鼓声劈浪鸣千雷。鼓声渐急标将近，两龙望标目如瞬。……须臾戏罢各东西，竞脱文身请书上。"
>
> 《事文类聚前集》九引□□□："唐杜亚节度淮南，方春，民为竞渡戏。亚欲轻驶，乃髹船底，篙人衣油彩衣，没水不濡。"
>
> 《齐东野语》一三："甄云卿……竞渡日，着彩衣，立龙首，自歌所作'思远楼前'之词，旁若无人。"

无名氏径称彩衣为"文身"，尤其是我们的佳证。

龙舟竞渡应该是史前图腾社会的遗俗。上揭《岁时记》说越地相传起于越王勾践，可见这风俗来源之古，虽则这说法本身仍然不可靠。至于拯救屈原的故事，最早的记载也只在六朝：

> 《御览》三一引《荆楚岁时记》："按五月五日竞
> 渡，俗为屈原投汨罗日，伤其死所，故命舟楫以拯之。
> 舸舟取其轻利，谓之飞凫。一自以为水军，一自以为
> 水马，州将及土人悉临水观之。"

早在隋代的杜台卿已经怀疑过这说法，他在《玉烛宝典》
里讲道："或因开怀娱目，乘水临风，为一时之赏，非必拯
溺。"杜氏的解释虽不对，他怀疑拯溺之说，却是有道理的。

第九章　神仙考

一、神仙思想之发展

最大多数铜器铭文的最大共同点，除了一套表示虔敬态度的成语外，就是祈眉寿一类的嘏辞。[1]典型的儒家道德观念的核心也是个"敬"字，而《洪范》五福第一便是寿。这表明以"寿"为目的，以"敬"为手段，是古代人生观最大特色。这观念的背景是什么呢？原来"敬""警""儆"最初只是一字，而"祈眉寿"归根无非是"救命"的呼声。在人类支配环境的技术尚未熟练时，一个人能不死于非命，便是大幸，所以嘏辞又曰"霝冬"，《诗》曰"令终"，[2]五福之五曰"考终命"，皆以善终为福。曰"眉寿"，曰"令终"，可见那时的人只求缓死，求正死，不作任何非分之想。《诗》及毁辞又曰"祈黄发""祈黄耇"，[3]这又表明人为求缓死而准备接受缓死的条件。他说：既然死可缓而老不可却，那就宁老而勿速死。横竖人是迁就天的。大概当时一般中国人都这样想。唯独春秋时齐国及其邻近地带的人有些两样，而提出了"难老"的要求：

以旂眉寿，霝命，难老（《齐甾盘》）；

用旂眉寿，霝命，难老（《齐叔夷镈》）；

用旂匄眉寿，其万年，霝冬，难老（《曻季良父壶》）[4]；

永锡难老（《鲁颂·泮水》）。

然而曰"难老"而不曰"不老"，措词总算有些分寸，这样事实上也还相对的可能。若想到"不死"，如：

齐侯（景公）至自田，晏子侍于遄台……饮酒乐，公曰："古而无死，其乐若何？"（《左传》昭二十年）

用旂寿老毋死。(《齐鎛铸》)

那就近乎荒唐了。景公酒酣耳热，一时失言，犹可原谅。《铺鎛铸》则是宗庙的祭器，何等严重，何以铭词中也载着这样的怪话？怪话何以又专出自齐人之口呢？学者必联想以战国时齐国的方士，以及一般人所深信的神仙说出于齐地的观念，因而断定这不死观念即神仙说之滥觞。至于神仙说何以产生在齐，则大家似乎已经默认了，是由于齐地滨海，海上岛屿及蜃气都是刺激幻想的对象。这两说都有相当的是处，但都不免把问题看得太简单了。实则春秋时的不死观念不会直接产生战国时的神仙说，齐国（山东半岛）也并非神仙的发祥地，因之海与神仙亦无因果关系。齐之所以前有不死观念，后有神仙说，当于其种族来源中求解答。

　　齐姜姓，四岳之后，春秋有姜戎，自称亦四岳之后，[5]看来齐与姜戎本是同种。同姓之国，或在诸夏，或在四夷，这种情形在春秋时太寻常了。但遇到这种情形时，有一问题不易回答，即此种氏族的共同祖先，本属诸夏集团

260

呢，还是夷狄集团？以姜姓为例，也许姜戎是夷化了的诸夏，也许齐、吕、申、许、向、纪、州、郭、厉等是华化了的夷狄。按普通的想法，似乎倾向前说者居多。实际上后说的可能性一样大。周人所谓戎，本是诸异族的大名。以血族言，一部分西戎是羌族，姜羌一字，或从女，或从人，只性别不同。因之种名从人，姓氏从女，实质上也没有分别。周与羌族世为婚姻，弃母姜嫄，太王娶太姜，武王娶邑姜，皆羌族女。参与牧野之战的"西土之人"中的羌，大概就是武王的外家，而太公很可能就是他们的君长。太公以宗亲，兼伐纣有大功，受封于吕，这是这支羌人内徙与华化的开端。后来太公的儿子丁公，又以平蒲姑有功，领着一部分子姓就地受封，定都于营邱，是为齐国。[6] 蒲姑是商世大国，东方文化的一个中心，丁公的子孙世居其地，华化的机会更多了。齐之内迁与华化，其事和他同姓的申同类。《周书·王会篇》有西申，次在氐羌之前，应该也是羌族，南阳的申国即其种人之内徙而华化者。《大荒北经》"有北齐之国，姜姓，使虎豹熊罴"，此齐人之留在夷狄者。齐有北齐，申有西申，可证其先皆自夷狄迁来，本不属于诸夏集团。至于羌戎之逼处华夏而迟迟未被华化，则又似与莱人同类。莱亦姜姓，大概是和丁公同搬到东方的一支羌族，不知为什么和丁公决裂了，被摒弃在海滨，许久未受诸夏同化。同一种姓，或同化，或不同化，这许多原因中，婚姻许是一个最重要的因子。齐、申皆周室的宗亲，故同化的时期早而程度深，莱、姜戎不与诸夏通婚，故终春秋之世未被同化。[7]

由上观之，齐人本为西方的羌族，大致不成问题，现在我们就根据这点来探寻他们那不死观念的来源。

《墨子·节葬》下篇曰：

> 秦之西有仪渠之国者，其亲戚死，聚柴薪而焚之，燻上，谓之登遐。

仪渠即义渠，当是羌族，《吕氏春秋·义赏篇》曰：

> 氐、羌之民，其虏也，不忧其系累，而忧其死不焚也。

并可证。以上所说都是火葬，火葬的意义是灵魂因乘火上天而得永生，故古书所载火葬俗流行的地方，也是"不死"传说发生的地方。今甘肃新疆一带，正是古代羌族的居地，而传说中的不死民、不死之野、不死山、不死树、不死药等[8]也都在这里。很可能齐人的不死观念是当初从西方带进来的。

但火葬所代表的不死，与不死民等传说的不死，大有分别。火葬是求灵魂不死。灵魂不死的先决条件是"未来世界"的存在，一个远较这现实世界为圆满的第二世界，人死后，灵魂将在那里永恒地生存着、享乐着。又基于一种先决的事物对立观念，认为灵魂与肉体是相反相妨的，所以他们又想到非毁尽肉体，不足以解放灵魂，于是便产生了焚尸火葬的礼俗。《后汉书·西羌传》称其人

　　　　以战死为吉利，病终为不祥。

这也是很重要的材料。吉利大概是灵魂能升天之意。这可

见他们因为急于要灵魂上天，甚至等不及老死，就要乘机教人杀死自己，好把躯体割断，让灵魂早早放出来。这与后来不死民等传说的灵肉合一，肉体不死即灵魂不死的观念相差太远了。但这种不死论，比起齐人的不死论，已经算玄虚的了。齐人所谓不死，当然是纯粹的肉体不死，灵魂的死不死，甚至灵魂的有无诸问题，他们似乎不曾注意。然而比较起那以殷民族为代表的东方诸土著民族来，这自西方移来的客籍齐人，又太嫌古怪了。依东方人说，人哪有不死的道理？齐人真是妄想。至于肉体可随着灵魂而不死，或肉体必须毁尽而后灵魂乃能永生一类观念，那更是不可思议了。土著东方人与齐人之间是一条鸿沟。齐人与其老家的西方人比较的相近。同是奢望，是痴想，是浪漫的人性不甘屈服于现实的表示，西方人前后两种不死观，以及齐人的不死观，只是程度深浅不同而已。非肉体死不足使灵魂生这种说法，本是违反人性的，其不能行通而卒变为肉体与灵魂同生，乃是必然的趋势。肉死灵生的极端派一旦让步而变为灵肉同生的中和派，便根本失了唯灵论的立场，唯灵论的立场既经失去，便不难再让一步而成为齐人的纯肉不死论。加上内徙后的齐人，受了土著东方人的同化，其放弃灵魂观念的可能自然更大了。

上文我们说明了齐人本是西方迁来的羌族，其不死观念也是从西方带来的。但西方所谓不死本专指灵魂，并主张肉体毁尽，灵魂才得永生。这观念后来又演变为肉体与灵魂并生。齐人将这观念带到东方以后，特别因为当地土著思想的影响，渐渐放弃了灵魂观念，于是又演变为纯粹的肉体不死。齐人内徙日久，受同化的程度应当愈深，按理没有回到唯灵原则下的各种不死论的可能。然而事实上，战国初年燕、齐一带突然出现了神仙传说，所谓神仙者，实即因灵魂不死观念逐渐具体化而产生出来的想象的或半想象的人物（解释详下）。这现象也很怪。灵魂不死论本产生在西方，难道这回神仙传说之出现于燕、齐，也是从西方来的吗？对了，这回是西方思想第二度访问中国。神仙的老家是在西方，他的习惯都是西方的，这些在下文讨论神仙说及其理论与技术时，随时随地都是证据，现在我们只举一个最鲜明的例来作个引子。据后来汉武帝求神仙时屡见大人迹，[9] 及司马相如《大人赋》推之，秦始皇时因临洮见大人而铸的"金人十二",实在是十二位仙人的造像，难怪唐诗人李贺误秦皇的金人为汉武承露盘的仙人，而作《金铜仙人辞汉歌》。[10]这十二位仙人，据《汉书·五行志》说"皆夷狄服"，[11]可见始皇时还知道真正老牌的仙人是西域籍。我们不但知道神仙来自西方，并且知道他是从那条道路来的。六国、秦时传播神仙学说，及主持求仙运动的方士，据现在可考的，韩、赵、魏各一人，燕六人，齐二人。[12]这不是分明指出了神仙说东渐的路线吗？那时方士的先头部队刚到齐，大队人马则在燕，到汉武时全体都到达齐了，所以当时的方士几乎全是齐人。由此我们可以推想，在较早的时候，大队恐怕还在三晋，并且时代愈早，大队的行踪愈偏西。《晋语》九："赵简子叹曰：'雀入于海为蛤，雉入于淮为蜃，鼋鼍鱼鳖，莫不能化，唯人不能，哀夫！'窦犨侍曰：'臣闻之，君子哀无人，不哀无贿，哀无德，不哀无宠，哀名之不令，不哀年之不登。'"《注》"登，高也"。至于神仙思想所以终于在齐地生根了，那自然因为这里的不死思想与他原是一家人，所以他一来到便感着分外融洽，亲热，而乐于住下了。这与齐之地势滨海毫无关系。神仙并不特别好海。反之，他们最终的归宿是山——西方的昆仑山。他们后来与海发生关系，还是为了那海上的三山。其实连这也是偶然的，即使没有那海上三山。他们还是要在这里住下的。总之，神仙思想是从西方来的，他只是流寓在齐地因而在那里长大的，并非生在齐地。齐地的不死思想并没有直接产生神仙思想，虽则他是使神仙思想落籍在齐地的最大吸引力。因此，海与神仙并无因果关系，三山与神仙只是偶然的结合而已。

二、神仙说及其理论与技术

上文讲神仙是随灵魂不死观念逐渐具体化而产生的一种想像的或半想像的人物，这可以火葬得到证明。上引《墨子·节葬》下篇说义渠风俗"亲戚死，聚柴薪而焚之，燻上，谓之登遐"，登遐刘昼《新论·风俗篇》作"升霞"，《太平广记》引《博物志》作"登霞"。据此，则遐当读为煆，本训火焰，因日旁赤光，或赤云之似火者谓之霞，故又或借霞为之。登霞的本意是火化时灵魂乘火上升于天，这名词传到中国后，有两种用法。一是帝王死谓之登霞，二是仙人飞升谓之登霞。帝王死后有升天的资格，是中国自古相传的观念，现在借用西方登霞的名词以称帝王之死，倒顶合适的。至于仙人飞升称登霞，则无所谓借用，因为飞升与火化本是一回事，仙人飞升是西方传来的故事，"登霞"当然也是用的西方的名词。《远游》曰：

载营魄而登霞兮，掩浮云而上征。

营魄即魂魄，既曰"载魂魄"，又曰"登霞"，与火葬的意义全合。《列仙传》称啸父既传其"作火法"于梁母，"临上三亮山，与梁母别，列数十火而升"，又师门"亦能使火"，死后，"一旦风雨迎之，讫则山木皆焚"。这些仙人的故事，都暗示着火化的意味。又云赤松子

能入火自烧，往往至昆仑山上……随风雨上下。

证以《远游》亦称赤松子"化去而不见"，这其间火化的

痕迹也颇鲜明。至于宁封子的传说，则几乎明白承认是火葬了：

> 宁封子者……世传为黄帝陶正，有［神］人过之，为其掌火，能出五色烟，久则以教封子。封子积火自烧，而随烟气上下。视其灰烬，犹有其骨，时人共葬于宁北山中，故谓之宁封子焉。

又《史记·封禅书》称燕人宋毋忌等

> 为方僊道，形解销化，依于鬼神之事。

形解销化，据服虔说即"尸解"，而《索隐》曰："《白泽图》云'火之精曰宋毋忌'，盖其人火仙也。"尸解而成火仙，大概也是火化的变相的说法。又张晏曰："人老，如解去故骨，则变化也，今山中有龙骨，世人谓之龙解骨化去也。"如张说，则宋毋忌之"形解销化"，是形化而骨留，与宁封子之烧后灰烬中有遗骨正合，无疑的这就是仙家尸解中之

"火解法"的来源。尸解的另一种方法是"兵解"。上引《后汉书》称西羌人"以战死为吉利，病终为不祥"，大概战死者躯体破碎，灵魂得以立时逃出而升天，所以吉利，病死者躯体完整，灵魂被困在内，迟久不得自由，所以不祥。如此说来"兵解"乃是由战死吉利的观念蜕化来的一种飞升的手段。火解兵解，总共谓之"尸解"，正是解开尸体，放出灵魂的意思，然则所谓"神仙"不过是升天了的灵魂而已。仙字本作僊，《说文》"僊，升高也"，僊即僊字。[13] 僊字本是动词，先秦典籍中皆如此用。升去谓之僊，动词名词化，则升去了的人亦谓之僊。西方人相信天就在他们那昆仑山上，[14] 升天也就是升山，所以僊字别体作仙，[15] 正是依照西方人的观念所造的字。人能升天，则与神一样，长生、万能，享尽一切快乐，所以仙又曰"神仙"。升天后既有那些好处，则活着不如死去，因以活着为手段，死去为目的，活着的肉体是暂时的，死去所余的灵魂是永久的，暂时是假的，永久是真的，故仙人又谓之"真人"。这样看来，神仙乃是一种宗教的理想。凡是肉体能死，死而能毁的人，灵魂便能升天而成仙。仙在最初并不是一种特殊的人，只是人生活中的一个理想的阶段而已。既然人人皆可成仙，则神仙思想基本原则是平等。因此我们知道为什么春秋时代的齐国，虽有不死观念，而不能发展为神仙的思想，只因封建阶级社会下是不容平等思想存在的。到战国时封建制度渐渐崩溃，所以建筑在平等原则上的神仙思想可以乘机而入，以至逐渐繁盛起来。

上文已说过，登霞是由火化时灵魂乘烟霞上天而得来的观念，故《远游》曰："载营魄而登霞兮。"（营与魂通）魂的特性是游动不定，故一曰游魂。《易·系辞上传》"游魂为变"，韩康伯《注》曰："游魂，言其游散也。"《白虎通·性情篇》曰："魂犹伝伝也，行不休也。"行不休即游魂之义。[16] 仙人登霞，本是灵魂上天而游行不休产生的观念，所以仙人飞升后最主要的活动是周流游览。游是愈远愈妙，《楚辞》所载著名的咏仙人的文章以"远游"名篇，固是很明显的例子，而最具体最有趣的莫如《淮南子·道应篇》所述卢敖的故事：

卢敖游乎北海，经乎太阴，入乎玄阙，至于蒙穀之上，见一士焉，深目而玄鬓，渠颈[17]而鸢肩，丰上而杀下，轩轩然方迎风而舞，顾见卢敖，慢然下其臂，遁逃乎碑（岬）[下][18]。卢敖就而视之，方倦（踡）龟壳而食蛤梨。卢敖与之语，曰："唯！敖为背群离党，穷观于六合之外者，非敖而已乎？敖幼而好道，至长而不渝[解]（懈）[19]，周行四极，惟北阴之未窥。今卒瞻夫子于是，子殆可与敖为友乎？"若士齤然而笑曰："嘻！子中州之民，宁首而远至此。此犹光乎日月而载列星，阴阳之所行，四时之所生，其比夫不名之地，犹突奥也。若我南游乎冈㝕之野，北息乎沈墨之乡，西穷窅冥之党，东关（贯）[20]鸿蒙之光，此其下无地而上无天，听焉无闻，视焉则[21]眒。此其外犹有汰沃之氾，其余一举而千万里，吾犹未之能在。今子游始于此，乃语穷观，岂不亦远哉？然子处矣！吾与汗漫期于九垓之上[22]，吾不可以久[23]。"若士举臂而竦身，遂入云中。卢敖仰而视之，弗见。乃止驾，[心][24]杯治（怡），悖若有丧也，曰："吾比夫子，犹黄鹄与壤虫也，终日行不离咫尺，而自以为远，岂不悲哉？"

272

此外《庄子》书中每讲到至人、神人、真人、大人（皆仙人的别名）如何游于六合之外，无何有之乡[25]，《淮南子》也是如此，并且说得更有声有色[26]，汉以来关于仙人的辞赋诗歌，几乎全是讲他们漫游的生活，晋、唐人咏仙人诗多称"游仙诗"。游必需舆驾，所游的地方是天空，所以，以龙为马，以云霓彗星之类为旌旗。[27]有舆驾，还得有仪卫，这是由风雨雷电以及其他种种神灵鬼怪组成的[28]，此之谓"役使鬼神"[29]。

神仙思想之产生，本是人类几种基本欲望之无限度的伸张，所以仙家如果有什么戒条，那只是一种手段，暂时节制，以便成仙后得到更大的满足。在原始人生观中，酒食、音乐、女色可谓人生最高的三种享乐。其中酒食一项，在神仙本无大需要，只少许琼浆玉液，或露珠霞片便可解决。其余两项，则似乎是他们那无穷而闲散的岁月中唯一的课业。试看几篇典型的描写仙人的文学作品，在他们那云游生活中，除了不重要的饮食外，实在只做了闻乐与求女两件具体的事。有时女与乐分为二事，如《惜誓》既"载

玉女于后车""以侍栖宿",（据王逸说）又

> ……至少原之野兮，赤松、王乔皆在旁，二子拥瑟而调均兮，余因称乎清商。

但往往是二者合为一事，如《远游》：

> 祝融戒而还衡兮，腾告鸾鸟迎宓妃，使湘灵鼓瑟兮，令海若舞冯夷。张《咸池》奏《承云》兮，二女御《九韶》歌。玄螭虫象并出进兮，形蟉虯而逶蛇，雌蜺便娟以增挠兮，鸾鸟轩翥而翔飞。音乐博衍无终极兮，焉乃逝以徘徊。[30]

这便叫作"快活神仙"！

现实生活既只有暂时的、不得已的过渡作用，过渡的期程自然能愈缩短愈好，所以性急的人，不免要设法自动的解决这肉体的障碍，好叫灵魂马上得到自由。手段大概还是火解与兵解，方法却与以前不同。以前火解是死后尸

体被人焚掉，兵解也是躯体被人砍断。现在则是自焚自砍，合并可以称为"自解"。有了这种实行自解的人以后，仙的含义便为之大变，从人人生活过程上的一个理想阶段的名称，变而为采取一种超绝的生活形态的人的名称。这新含义就是现在通用的仙字的意义。

不知何时，人们又改变了态度，不大喜欢那单凭一场火、一把剑送灵魂上升的办法了。他们大概对目前肉体的苦痛，渐渐感觉真实起来，虽则对未来灵魂的快乐，并未减少信心，于是渐渐放弃了那自解的"顿"的办法，而采用了种种修炼的"渐"的办法。肉体是重浊的，灵魂是轻清的。但未始不可以设法去浊存清以变重为轻，这样肉体不就改造成灵魂了吗？在这假定的原则之下，便产生了各种神仙的方术，从事于这些方术的人便谓之方士。

最低级的方术，是符呪祠醮一类的感召巫术，无疑的这些很早就被采用了。这可称为感召派。比感召高一等的是服食派。凡是药物，本都具有，或被想象为具有清洁作用。尤其植物（如菊、术等）的臭味，矿物（如玉、黄金、丹砂等）的色泽都极容易联想到清洁，而被赋予以销毒除秽诸功能。[31]少见而难得与形状诡异的自然物品（如芝菌、石乳等），都具有神秘性，也往往被认为有同样效验。由于早就假定了浊与重为同一物质的两种德性，因之除秽便等于轻身，所以这些东西都成为仙药了。加之这些东西多生于深山中，山据说为神灵之所在，这些说不定就是神的食品，人吃了，自然也能乘空而游，与神一样了。最初是于日常饮食之外，加服方药。后来许是有人追究过肉体所以浊重的原因，而归咎于肉体所赖以长成的谷类[32]，恰巧被排泄出来谷类的渣滓，分明足以为其本质浊秽的证验，于是这人便提倡只食药，不食谷的办法，即所谓"避谷法"。

但是最好的轻身剂恐怕还是气——本质轻浮的气。并且据说万物皆待气以生存，[33]如果药物可以使人身轻，与其食药物，何如食药物所待以生存的气，岂不更为直捷，更为精要？所以在神仙方术中，行气派实是服食派进一步的发展。观他们屡言"食气"，可见气在他们心目中，本是食粮的代替品，甚至即食粮本身。[34]气的含义在古时甚广，除了今语所谓空气之外，还包括比空气具体些的几种物质。以前本有六气的说法——阴、阳、风、雨、晦、明[35]，现在他们又加以整齐化、神秘化，而排列为这样的方式：

> 春食朝霞，朝霞者，日始欲出赤黄气也[36]。秋食
> 沧阴，沧阴者，日没以后赤黄气也。冬饮沆瀣，沆瀣
> 者，北方夜半气也。夏食正阳，正阳者，南方日中气也。
> 并天地玄黄之气，是为六气也。(《楚辞·远游》注引
> 《陵阳子明经》)

玄与黄是近天与近地的空气，正阳即日光，依他们的说法
可称光气，[37]沆瀣即露水，可称水气，朝霞沧阴即早晚的云
霞，[38]是水气与光气的混合物。先秦人对于气是否有这样
整齐的分类，虽是疑问，但他们所食的气，总不外这几种。

食气的方法，就是在如上面所指定的时刻，对着太阳
或天空行深呼吸，以"吐故纳新"，同时身体还作着"熊经
鸟伸，凫浴蝯躩，鸱视虎顾"等等姿态的活动，[39]以助呼
吸的运用。用术语说，这种呼吸谓之"行气"，活动谓之"导
引"[40]。行气后来又称"胎息"[41]，实是一种特殊的呼吸
方法的名称。导引不但是辅导气流的运转，还可以训练肢

体，使之轻灵矫捷，以便于迎风自举。这后一种目的，大概后来又产生了一种专门技术，谓之"乘跻"。胎息与乘跻发展（毋宁是堕落）到某种神秘阶段，都变成了魔术，于是又和原始的巫术合流了。以上是导引派及其流变。

新气既经纳入，还要设法固守，不使它泄散。《玉秘铭》曾发挥过这派守气的理论：

> 行気（气）突（居）则遂，遂则神，神则下，下则定，定则固，固则明，明则状，状账優（优），優则天，天丌（其）春才（在）上，墬（地）丌（其）春才（在）下，巡（顺）则生，逆则死。

大约是在守气论成立以后，行气派又演出一条最畸形的支流。上文说过气有水气，水可称气，则人之精液也是气了，这样儿戏式的推论下来，便产生了房中派的"还精补脑"的方术。原来由行气到房中，正如由服食到行气一般，是一贯的发展，所以葛洪说：

服药虽为长生之本，若能兼行气者，其益甚速……然又宜知房中之术，所以尔者，不知阴阳之术，屡为劳损，则行气难为力也[42]。(《抱朴子·至理篇》)

这里虽只说长生，但最终目的还是飞升，下文有详细的说明。

神仙的目的是飞升，而飞升的第一要图是轻身。照上面那些方案行来，相对的轻身的效果是可以担保的。尤其避谷而兼食气，如果严格实行起来，其成效可想而知，所以司马相如说："列仙之传，居山泽间，形容甚臞。"形容臞瘦，自然体重减轻了。然而要体重减轻到能飞的程度，还是不可能，除非在某种心理状态之下，你一意坚持着要飞，主观的也就不难果真飞上去了。在生理状态过度失常时——如胃脏中过度的空乏，或服进某种仙药后，过度的饱厌，等等情况之下，这种惬意的幻觉境界并不难达到。上述那催眠式的法术，他们呼作"存想"。

无论各种方术，历经试验后，功效有限，即令有效，对于高贵阶级的人们，尤其那日理万机的人主，太不方便。

最好还是有种"顿"的手段，一经使用，便立时飞去。大概是为供应这类人的需求，那一服便仙的神丹大药，才开始试造的。

注释：

[1]详徐中舒《金文嘏辞释例》。

[2]《大雅·既醉》。

[3]《小雅·南山有台》"遐不黄耇"，《大雅·行苇》"以祈黄耇，黄耇台背"，《商颂·烈祖》"黄耇无疆"，《仪礼·士冠礼》同。《鲁颂·閟宫》"黄发台背"，又"黄发儿齿"，《书·秦誓》"尚犹询兹黄发"，《韩诗外传》五"吾受命国之黄发"。案《诗》言"黄耇台背"，是黄耇即黄发。耇盖读为毫（《庄子·知北游》篇"而不失豪芒"，唐写本豪作钩，《淮南子·道应篇》亦作钩，是其比。），豪亦发也。台读为怠（《楚辞·九辩》："收恢台之孟夏兮"，台一作怠，《文选·舞赋》"舒恢怠之广度。"），《说文》曰"怠，灰怠，煤也"，一作始，《素问·风论》"其色炲"，王《注》"炲，黑色也"，案怠浅于黑，今所谓灰色是也。"黄耇"与"台背"

对文。《论衡·无形篇》曰："人少则发黑，老则白，白久则黄。人少则肤白，老则肤黑，黑久则黯，若有垢矣，发黄而肤有垢，故《礼》曰'黄耇无疆'，《诗》《书》有言'黄发'者。"案王氏谓人老极则发黄肤黯，甚是，其读耇为垢，而以黄耇二字分指发肤，则不确。

［4］《海内经》"炎帝之孙伯陵，伯陵同吴权之妻阿女缘妇，缘妇孕三年，是生鼓延殳，始为侯"，郭《注》曰："三子名也。"案《周语》下"则我皇妣大姜之姪，伯陵之后，逢公之所凭神也"，韦《注》曰："大姜，大王之妃，王季之母，姜女也。伯陵，大姜之祖，有逢伯陵也。逢公，伯陵之后，大姜之姪，殷之诸侯，封于齐地。"《左传·昭二十年》："昔爽鸠氏始居此地，（齐）季萴因之，有逢伯陵因之，蒲姑氏因之，而后大公因之。"据此，则殳是殷时据有齐地之姜姓诸侯逢伯陵的别封。周时殳国所在地未详，想与齐必相去不远。

［5］姜戎，陆浑戎之一种，本居瓜州，为秦人所迫逐，归于晋，惠公赐以南鄙之田，以供晋之兵役。见《左传·僖二十二年》《襄十四年》《昭九年》《襄十四年》

戎子驹支曰："我诸戎是四岳之裔胄也。"

[6]见傅斯年《大东小东说》。

[7]《左传·襄二年》："齐姜薨……齐侯使诸姜宗妇来送葬，召莱子，莱子不会。"雷学淇云："据此，则莱亦姜姓之戎可知。"(《竹书纪年义证》十九)案夹谷之会，齐使莱人以兵劫鲁侯，孔子以公退，曰："士兵之！两君合好而裔夷之俘以兵乱之，非齐君所以命诸侯也。裔不谋夏，夷不乱华。"(《左传》定十年)，《经》《传》称莱亦皆曰莱夷，盖莱在被齐灭以前，始终拒绝同化。

[8]《海外南经》："不死民……其为人黑色，寿不死。"案经文，不死民在昆仑虚西。海内西北即海外东南，故此经亦有昆仑，然则以中国言之，不死民仍在西北也。又《大荒南经》"有不死之国"，《吕氏春秋·求人篇》"禹南至不死之乡"，《淮南子·墬形篇》："自西南至东南方有……不死民"，《远游》"留不死之旧乡"，亦在南方，皆据海外言之也。《淮南子·时则篇》"三危之国，石室金城，饮气之民，不死之野"，《天问》："黑水玄趾，三危安在？延年不死，寿何所止？"王《注》："玄趾、三危，皆山名也，在西方。

黑水出昆仑山也。"案玄阯一名玄丘。《补史记·三代世表》引《诗传》："契母与姊妹浴于玄丘水。"《御览》引《张掖记》："黑水出县界鸡山，昔有娀女简狄浴于玄丘之水，即黑水也。"一名员丘，《海内经》"流沙之东，黑水之间，有山名不死之山"，郭《注》曰"即员丘也"，《水经·河水注》曰"流沙又历员丘不死山之西"。是玄阯，玄丘，员丘，异名同实，在黑水中，那所谓不死之山。又《水经·汾水注》"黑水出黑山"，《太平寰宇记》"（神山县）黑山在县东四十里，一名牛首山，今名乌岭山"，又"（临汾县）涝水源出乌岭山，俗名长寿水"。案黑山即乌岭山，黑水即涝水，一名长寿水，黑山为长寿水所出，故又名神山，县即因山得名也。依地名迁徙之例，域内之黑山即域外之玄阯、玄丘，玄阯、玄丘一名不死山，故黑水一名神山。域内之黑水即域外之黑水，域外黑水为不死山之所在，故域内黑水一名长寿水。地名迁徙之迹可据以考见民族迁徙之迹。

《海内西经》"开明兽……立昆仑上……开明北有……不死树"，郭《注》曰"言长生也"，《文选·思玄赋》李《注》引《古今通论》"不死树在层城西"。《大荒南经》"有不死之国，阿姓，甘木是食"，郭《注》曰"甘木即不死树，食之不老"。又《海外南经》"不死民"，《注》曰"有员丘山，上有不死树，食之乃寿"，此皆据海外言之，海外东南即海内西北。说已详上。《吕氏春秋·本味篇》"菜之善者……寿木之华"，高《注》曰："寿木，昆仑山上木也。华，实也，食其实者不死，故曰寿木。"郝懿行云疑即不死树，近是。

《淮南子·览冥篇》："羿请不死之药于西王母，姮娥窃之以奔月。"《后汉书·天文志》注引张衡《灵宪》曰："羿请无死之药于西王母，姮娥窃之以奔月。将往，枚筮之于有黄。有黄占之曰：'吉，翩翩归妹，独将西行，逢天晦芒，毋惊毋恐，后且大昌。'姮娥遂托身于月，是为蟾蜍。"《乙巳占》引《连山易》略同。《北堂书钞》一五〇引《归藏》曰："昔常娥以西王母不死之药服之，遂奔为月精。"《文心雕龙·诸子篇》曰："《归藏》之经，大明迂怪，乃称……姮娥奔月。"《海内西经》"昆仑之虚方八百里，高万仞……在八偶之岩，赤水之际，非仁（夷）羿莫能上冈之岩"，郭《注》曰："羿尝请药西王母，亦言其得道也。"《类聚》八八引《山海经图赞》："不死之树，寿蔽天地，请药西姥，焉得为羿？"案嫦娥窃药事亦见《天问》。《天问》曰："白蜺婴茀，胡为此堂？安得夫良药，不能固臧（藏）？"近人傅斯年、郭镂冰、童书业三氏均以嫦娥事说之，近确。余谓《天问》上文曰："夜光何德（得），死则又育？厥利维何，而顾菟在腹？"亦与此事有关。王《注》："夜光，月也；育，生也。"德与得通；《书钞》一五〇，《事类赋》注一引并作得。则犹而也；《类聚》一，《初学记》一，《御览》四，《事类赋》注一，《海录碎事》一引并作"死而又育"。古称月之盈亏为生魄死魄，故《孙子·虚实篇》曰"月有生死"。此文上二句问月何所得，乃能死而复生，其意盖即谓月精嫦娥尝得不死之药，故能死而复生也。下二句即承此意而问白菟捣药事。《汉乐府·董桃行》曰："采取神药若木端，白菟捣药虾蟆丸。"傅玄《拟天问》曰："月中何有，白兔捣药。""厥利维何，而顾菟在腹"者，正谓利兔之能捣药也。《天问》前后二文可以互相发明。《天问》著作时期至迟当在战国初，然则嫦娥窃药故事战国初已流行矣。《海内西经》："开明东有巫彭、巫抵、巫阳、巫履、巫凡、巫相，夹窫窳之尸，皆操不死之药以距之。窫窳者，蛇身人面，贰负臣所杀也。"《大荒西经》："有灵山，巫咸、巫即、巫朌、巫彭、巫姑、巫真、巫礼、巫抵、巫谢、巫罗十巫从此升降，百药爰在。"亦谓不死之药。又《大荒南经》"有巫山者，西有黄鸟，帝药八斋"，郭《注》曰"天帝神仙药在此也"，《经》又曰"云雨之山……有赤石焉，生栾，黄本赤枝青叶，群帝焉取药"，《注》曰："言树花实皆为神药。"案此亦据域外言之，仍在中国西北也。

[9]《史记·封禅书》："公孙卿……言夜见大人，长数丈，就之则不见，见其迹甚大，类禽兽云。群臣有言见一老父牵狗，言'吾欲见巨公'，已忽不见。上即见大迹，未信，及群臣有言老父，则大以为仙人也。"又："公孙卿言见神人东莱山，若云欲见天子，天子……遂至东莱宿留之，数日无所见，见大人迹云。"魏咸熙二年大人见襄武县迹长三尺二寸，唐则天长安元年司刑寺囚伪作大人迹五尺，改元大足。

[10]李贺《金铜仙人辞汉歌·序》曰："魏明帝青龙元年八月，诏宫官牵车西取汉孝武捧露盘仙人，欲立置前殿，宫官既拆盘，仙人临载乃潸然泪下。"案李说多误。

《史记·秦始皇本纪》正义引《关中记》曰："董卓坏铜人，余二枚，徙清门里。魏明帝欲将诣洛，载到霸城，重不可致，后石季龙徙之邺。符坚又徙入长安而销之。"又引《英雄记》曰："昔大人见临洮而铜人铸，至董卓而铜人毁。"

[11]《汉书·五行志》下之上："史记秦始皇帝二十六年，有大人长五丈，履六尺，皆夷狄服。凡十二人，见于临洮……始皇……喜，以为瑞，销天下兵器，作金人十二以象之。"案收兵器与铸金人为二事，盖先收天下兵器，其作用为政治的，后销兵器以铸金人，其作用为宗教的。旧多混为一谈，失之。

[12]《史记·乐毅传》："乐氏之族有乐瑕公，乐臣公。赵且为秦所灭，亡之齐高密。乐臣公善修黄帝、老子之言，显闻于齐，称贤师。"又曰："乐臣公学黄帝、老子，其本师号曰河上丈人，不知其所出。河上丈人教安期生，安期生教毛翕公，毛翕公教乐瑕公，乐瑕公教乐臣公，乐臣公教盖公，盖公教于齐高密胶西，为曹相国师。"案《集解》、《索隐》并云"臣公一作巨公"，《田叔传》"学黄老术于乐巨公"，《汉书》作钜公，巨钜同，《御览》五一〇引《道学

传》亦作乐钜公，是臣为巨之讹无疑。巨公者，《史记·封禅书》"言吾欲见巨公"，《汉书·郊祀志》下作钜公，《注》引张晏曰"天子为天下父，故曰钜公也"，是巨公之称，亦犹丈人、老子、太公、长者之类也。论其传受，《史记》谓乐瑕公、乐巨公于赵且为秦灭时亡之齐，则其人尚在战国晚世。盖公受乐巨公黄老术，为曹参师，田叔学黄老术于乐巨公，而仕赵王张敖，则乐巨公下及秦汉之交。今二乐治黄老，得于毛翕公，毛翕公得于安期生，则安期生年世不能甚后。然史公又谓"蒯通善齐人安期生。安期生尝干项羽，羽不能用。已而羽欲封此两人，两人终不肯受，亡去。及曹参为相，请蒯通为客"。蒯生之年，不能高于盖公，则安期生何遽为盖公四传之师哉？（以上说本钱穆《先秦诸子系年考辨》二《老子杂辩》）夫言家世之谱系，纪学派之传授者，孰不欲其渊源之远？故每分一人为数人，递相比次，以极于邈迩难知。其事或出于无意的误信传闻，或出于有意的捏造姓字，要其不欲求真之心理则一也。

考瑕巨古音近义通，（瑕通嘏，嘏训大，巨亦训大。）乐瑕公盖即乐巨公之误分，而由安期生至盖公仅三传耳。

然如此，安期生仍不得与蒯通、项羽、曹参等同世。《御览》五一〇引《道学传》："乐钜公宋人，号曰安丘丈人。"期丘古同音，安期即安丘，《汉书·地理志》北海郡琅邪郡均有安丘，此当是琅邪之安丘，故《列仙传》曰："安期生，琅琊阜乡人。"古言生，犹今言先生，先生丈人皆老者之尊称，故安期生即安丘丈人。乐钜公号曰安丘丈人，是安期生又即乐钜公，亦即盖公本师。安期生传盖公，盖公传曹参，安期生自得与曹参相接，因之亦得与蒯通、项羽相接矣。要之，乐钜（瑕）公即安期生，乐，称其姓，安期（丘）称其地，钜公与生（先生）义亦同。乐氏本赵人，史称赵且为秦所灭，二乐亡之齐，故安期生又为齐人。乐钜公以善修黄老之言，显闻于齐，称贤师，盖没后而名益彰，故至孝武时，东齐方士如李少君、栾大、公孙卿等，皆传安期生为仙人（俱详《封禅书》）。《高唐赋》曰："有方之士，羡门高、上成郁林、公乐聚毂，进纯牺，祷璇室，醮诸神，礼太一。"疑公乐为乐公之倒，即乐钜公，羡门高、聚毂皆战国末人（并详下），故与乐钜公并举。若然，则安期生（乐钜公）盖亦方士之流而未甚涉于迂怪者。以上赵一人：安期生。

《史记·秦始皇本纪》："三十二年……使韩终、侯公、石生求仙人不死之药。"案此石生，钱穆疑即古星历家石公，近确。又谓石公殆如张苍生六国以下逮汉世者。其举证如下，《史记·天官书》："周室史佚、苌弘，于宋子韦，郑则裨竈，在齐甘公，楚唐昧，赵尹皋，魏石申夫。"《汉书·艺文志》序术数云："六国时楚有甘公，魏有石申夫。"《史记正义》引《七录》曰："石申魏人，战国时作《天文》八卷。"然《郡斋读书志》"《甘石星经》一卷，汉甘公石申撰"，又以甘石为汉人，其说盖别有所本。《御览》二三五引应劭《汉官仪》曰"当春秋时鲁梓慎，晋卜偃，宋子韦，郑裨竈，观乎天文，以察时变，其言屡中，有备无害。汉兴甘石唐都司马父子，抑亦次焉"，亦以甘石为汉人。《史记·张耳传》："耳欲之楚，甘公曰：'汉王入关，五星聚东井，楚虽强，必属汉。'"《集解》引文颖曰"善说星者甘氏"，则甘公固及汉初，而石公亦可知。《汉书·天文志》曰"古历五星之推，亡逆行者，至《甘氏石氏经》，以荧惑太白为有逆行。"沈钦韩曰：《隋志》秦历始有金水之逆，又甘石并时，自有差异，汉初测候，乃知五星皆有逆行。"则甘石明及秦汉之际矣（《先秦诸子系年考辨》四《诸子擿逸》）。今姑依钱说，定石生即石申夫。以上魏一人：石生。

《史记·秦始皇本纪》："三十五年，侯生、卢生相与谋曰：'始皇为人……贪于权势至于此，未可为求仙药'，于是乃亡去。"《集解》曰：《说苑》曰：'韩客侯生也。'"案即三十二年与韩终、石生求仙人不死药之侯公。以上韩一人：侯生。

《史记·封禅书》："宋毋忌、正伯侨、充尚、羡门高、最后，皆燕人，为方仙道，形解销化，依于鬼神之事。"服虔、司马贞皆以为宋毋忌至羡门高四人，韦昭、刘伯庄、颜师古皆合最后为五人。王念孙谓韦、刘、颜说是，并云最后即《高唐赋》之聚穀（引见上文），最与聚，后与穀声皆近，其说至碻。余谓最聚并与邹通（《周礼·大司马》郑众注引《鄹子》"春秋榆柳之火"云云，王应麟云即邹衍四十九篇文。《汉书·古今人表》有㷖子，钱大昕、沈钦韩并云即《艺文志·邹氏春秋传》之邹氏），其人或即邹衍后裔之留滞于燕者。充尚《汉书·郊祀志》上作元尚，沈涛曰：

291

"当作元谷，即《列仙传》之元俗也。谷，俗之渻，篆书谷字与尚字相近，讹而为尚，《史记》又误元为充，遂不可晓。《列仙传》言元俗河间人，亦与燕人相合。"《汉书·司马相如传·大人赋》"厮征伯侨而役羡门兮"，《注》引张楫曰"羡门，碣石山上仙人羡门高也"，碣石在燕。《史记·秦始皇本纪》："三十二年，始皇之碣石，使燕人卢生求羡门高"，又"燕人卢生，使入海还，以鬼神事，因奏录图书曰：'亡秦者胡也。'"或疑卢生即《淮南子·道应篇》之卢敖，未知然否。（《御览》三六九引《庄子》"卢敖见若士，深目鸢肩"，或系《淮南子》之讹。）以上燕六人：宋毋忌、正伯侨、羡门高、元谷、最后（聚毂）、卢生。

《史记·秦始皇本纪》："二十八年，齐人徐市等上书，言海中有三神山，名曰蓬莱、方丈、瀛洲，仙人居之，请得斋戒与童男童女求之。"《汉书·郊祀志》下谷永上封事"秦始皇初并天下，甘心于神仙之道，遣徐福、韩终之属，多赍童男童女，入海求神采药，因逃不还"。案徐市之市即韨之本字，音敷勿切，故《汉书》作福，俗书作市，误。韩终《始皇本纪》三十五年作韩众，《正义》云"音终"，《楚

292

徐福出海

辞·远游》"羡韩众之得一"，众一作终。《列仙传》韩终齐人。以上齐二人：徐市、韩终。

［13］《小雅·宾之初筵》"屡舞僛僛"，《庄子·在宥篇》"僛僛乎归矣"，皆谓轻举之貌。鲍照《书势》"鸟仚鱼跃"，仚即仙字，仚跃对举，仚亦跃也。举，跃，升义并相近，此僛之本义。又以声求之，《说文》僛之古文作䙅，讯之古文作，是声与孔声近。《说文》"孔，疾飞也"，《楚辞·九章·思美人》："因归鸟而致辞兮，羌迅（今作宿，此从一本及《文选·王仲宣赠公孙文始诗》注引）高而难当。"《西京赋》："纷纵体而迅赴。"迅皆谓飞跃。僛之为言犹迅也，飞跃而上之貌也。《说文》"僛，长生僛去也"，"僛，登也"，僛去之义，尚无不合，长生则古只谓寿，飞昇乃称僛，许君混为一谈，此本土观念与外来观念混合以后之意义，非僛之本义也。

［14］昆仑山即今之天山。（《西山经》："又西三百五十里天山。……有神焉，其状如黄囊，赤如丹火，六足四翼，浑敦无面目，是识歌舞，实为帝江也。"《注》："庄生所云中央之帝混沌为倏忽所凿七窍而死者，盖假此以寓言

294

也。"《汉书·武帝纪》："天汉二年与右贤王战于天山。"颜《注》："即祈连也，匈奴谓天为祈连，今鲜卑语尚然。"《史记正义》引《括地志》："祁连山在甘州张掖县西南二百里，又云天山，一名白山。"《后汉书·明帝纪》注《西河旧事》："白山冬夏有雪，故曰白山。匈奴谓之天山，过之皆下马拜焉。"）

[15]《抱朴子·论仙篇》引《仙经》曰："上士举形昇虚，谓之天仙，中士游于名山，谓之地仙，下士先死后蜕，谓之尸解仙。"此后起之观念。实则最初游名山之仙，不但即举形昇虚之仙，且亦即先死后蜕之仙。《释名·释长幼》："仙，僊也，僊入山也，故其制字人傍作山也。"是汉末人尚知仙与山的关系。《说文》："仚，人在山上貌，从人从山。"仚即仙字。

[16] 魂字本只作云，《说文》云为雲之古文，又作𠃊象烟雲之气袅袅浮动之貌。《吕氏春秋·圜道篇》"雲气西行云云"，高《注》曰："云，运也，周旋运布，肤寸而合，西行则雨也。"《古微书》引《春秋说题辞》曰："雲之为言运也，动阴路，触石而起谓之雲，合阳而起，以精运也。"

人之灵魂不可状，以烟雲之气状之，故曰魂。

[17]原作泪注，从王念孙校改。

[18][19][24]从王念孙校补。

[20]关原误作开，从王念孙校改。案关贯古字通。《九叹·远游》"贯澒濛以东揭兮"，颎一作鸿。

[21][22][23]则原作无，上作外，久下衍驻字，从王念孙改删。

[25]《庄子·逍遥游篇》："夫列子御风而行，泠然善也，旬有五日而后反，彼于致福者未数数然也。此虽免乎行，犹有所待者也。若夫乘天地之正，而御六气之辩（变）以游无穷者，彼且恶乎待哉？"又："藐姑射之山，有神人居焉……不食五谷，吸风饮露，乘云气，御飞龙，而游乎四海之外。"《齐物论篇》："至人神矣……乘云气，骑日月，而游乎四海之外，死生无变乎己，而况利害之端乎？"《大宗师篇》："孰能登天游雾，挠挑无极，相忘以生，无所终穷？"《应帝王篇》："予方将与造物者为人，厌则又乘夫莽眇之鸟，以出六极之外，而游无何有之乡，以处圹埌之野。"《在宥篇》："出入六合，游乎九州，独往独来，是谓独有。

独有之人，是之谓至贵。"《天地篇》："天下无道，则修德就闲，千岁厌世，去而上僊，乘彼白云，至于帝乡。"《秋水篇》："且彼方跐黄泉，而登大皇，无南无北，奭然四解，沦于不测，无西无东，始于玄冥，反于大通。"《徐无鬼篇》："小童曰：'……予少而自游于六合之内，予适有瞀病，有长者教予曰，若乘日之车而游于襄城之野，予少痊。予又且复游六合之外。'"《文选·车驾幸京口侍游蒜山作诗》注引《庄子》佚文："阏奕之隶，与殷翼之孙，遏氏之子，三士相与谋致人于造物，共之元天之上。元天者，其高四见列星。"

[26]《淮南子·原道篇》："昔者冯夷、大丙之御也，乘云车，入云蜺，游微雾。骛恍忽，历远弥高以极往，经霜雪而无迹，照日光而无景，扶抱扶摇羊角而上，经纪山川，蹈腾昆仑，排阊阖，沦天门。……是故大丈夫恬然无思，澹然无虑，以天为盖，以地为舆，四时为马，阴阳为骖，乘云凌霄，与造化者俱，纵志舒节，以驰大区，可以步而步，可以骤而骤，令雨师洒道，便风伯扫尘，电以为鞭策，雷以为车轮，上游于霄雿之野，下出于无垠之门。"《俶真篇》：

"若夫真人，则动溶于至虚，而游于灭亡之野，骑蜚廉而从敦圄，驰于外方，休乎内宇（二字原倒，从王念孙乙），烛十日而使风雨，臣雷公，役夸父，妾宓妃，妻织女，天地之间，何足以留其志？"《精神篇》："若此人者，抱素守精，蝉蜕蛇解，游于太清，轻举独往，忽然入冥，凤凰不能与之俪，而况斥鹦乎？"

[27]《易·乾·象传》："时乘六龙以御天。"《庄子·逍遥游篇》："乘云气，御飞龙。"《韩非子·十过篇》："昔者黄帝合鬼神于西泰山之上，驾象舆而六蛟龙。"《九歌·东君》："驾龙辀兮乘雷，载云旗之委蛇。"《云中君》："龙驾兮帝服。"《湘君》："驾飞龙兮北征……飞龙兮翩翩。"《大司命》："乘龙兮辚辚。"《河伯》："驾两龙兮骖螭。"《淮南子·览冥篇》："[虑牺氏]乘雷车，服应龙，骖青虬。"（以上神）《涉江》："驾青虬兮骖白螭。"《远游》："驾八龙之婉婉兮，载云旗之逶蛇，建雄虹之采旄兮，五色杂而炫耀……撰彗星以为旍兮，举斗柄以为麾。"《七谏·自悲》："借浮云以送予兮，载雌霓而为旌，驾青龙以驰骛兮，班衍衍之冥冥。"《九怀·通路》："乘虬兮登阳，载象兮上行。"《昭

世》："驰六蛟兮上征，竦余驾兮入冥。"《思忠》："驾玄螭兮北征，乡吾路兮葱岭，连五宿兮建旄，扬氛气兮为旌。"《陶壅》："驾八龙兮连蜷，建虹旌兮威夷。"《株昭》："乘虹骖蜺兮，载云变化。"《九叹·远逝》："举霓旌之嶍兮，建黄之总旄。"《远游》："回朕车俾西引兮，褰虹旗于玉门，驰六龙于三危兮，朝四灵于九滨。"《九思·守志》："乘六蛟兮蜿蝉，遂驰骋兮陉云，扬彗光兮为旗，秉电策兮为鞭。"《大人赋》："乘绛蟠之素蜺兮，载云气而上浮，建格泽之修竿兮，总光耀之采旄，垂旬始以为幓兮，曳彗星而为髾……揽搀抢以为旌兮，靡屈虹而为绸……驾应龙象舆之蠖略委丽兮，骖赤螭青虬之蚴蟉宛蜒。"（以上仙）

[28][29]《韩非子·十过篇》："昔者黄帝合鬼神于西泰山之上，驾象舆而六蛟龙，毕方并辖，蚩尤居前，风伯进扫，雨师洒道，虎狼在前，鬼神在后，凤皇覆上。"《淮南子·览冥篇》："〔虑牺氏〕乘雷车，服应龙，骖青虬，援绝应（元误瑞，从王念孙改），席萝图，络黄云（元作黄云络，从俞樾乙），前白螭，后奔蛇，浮游逍遥，道鬼神，登九天，朝帝于灵门，宓穆休于大祖之下。"《九歌·大司命》：

"令飘风兮先驱，使冻雨兮洒尘。"（以上神）《九辩》："左朱雀之茇茇兮，右苍龙之跃跃，属雷师之阗阗兮，道飞廉之衙。"《远游》："召丰隆使先导兮，问太微之所居……历太皓以右转兮，前飞廉以启路……风伯为余先驱兮，氛埃辟而清凉，凤皇翼其承旂兮，遇蓐收乎西皇……时暧曃其曭莽兮，召玄武而奔属，后文昌使掌行兮，选署众神以并毂……左雨师使经侍兮，右雷公以为卫……召黔嬴而见之兮，为余先乎平路。"《惜誓》："飞朱鸟使先驱兮，驾太一之象舆，苍龙蚴虬于左骖兮，白虎骋而为右骓。"《哀时命》："使枭杨先导兮，白虎为之前后。"《九怀·通路》："腾蛇兮后从，飞驱兮步旁。"《昭世》："使祝融兮先行，令昭明兮开门。"《株昭》："鹔鹏开路兮，后属青蛇。"《九叹·远游》："登昆仑而北首兮，悉灵圉而来谒，选鬼神于太阴兮，登阊阖于玄阙……驰六龙于三危兮，朝四灵于九滨……征九神于四极兮，建虹采以招指，驾鸾凤以上游兮，从玄鹤与鹔鹏，孔鸟飞而送迎兮，腾玄鹤于瑶光……凌惊雷以轶骇电兮，缀鬼谷于北辰，鞭风伯使先驱兮，囚灵玄于虞渊。"《大人赋》："悉征灵圉而选之兮，部署众神于摇光，使五帝先导兮，反太壹而从陵阳，左玄冥而右黔雷兮，前长离而后矞皇，厮征伯侨而役羡门兮，诏岐伯使尚方，祝融警而跸御兮，清气氛而后行。"《淮南子·原道篇》："令雨师洒道，使风伯扫尘。"《抱朴子·杂应篇》："老君……从黄童百二十人，左有十二青龙，右有二十六白虎，前有二十四朱雀，后有七十二玄武，前道七十二穷奇，后从三十六辟邪，雷电在上，晃晃昱昱。"（以上仙）《招隐士·序》："又怪其文，昇天乘云，役使百神，似若仙者。"《抱朴子·金丹篇》："元君者，大神仙之人也，能调和阴阳，役使鬼神风雨。"

[30]又《九怀·昭世》："闻素女兮微歌，听王后兮吹竽。"《九思·伤时》："使素女兮鼓簧，乘戈龢兮讴谣，声嗷诮兮清和，音晏衍兮要媱。"《古乐府·王子乔》"玉女罗坐吹笛箫。"

[31]方药的名目甚多，如《抱朴子·仙药篇》所载，其中大概有不少的是先秦传下的旧法。此外可以益寿补气的植物矿物，散见于《本草》及《列仙传》诸书者，亦不少。先秦古书中很少明确的记载。属于植物类者，《楚辞》多言

301

菊，《吕氏春秋·别类篇》曰："夫草有莘有藟，独食之则杀人，合而食之则益寿。"属于矿物类的，大都只称玉，但这里所谓玉，大概包括许多与玉同类或近似的矿物。

[32] 他们说"穀气"于身有害，故《淮南子·墬形篇》曰："食穀者知慧而夭。"《庄子·逍遥游篇》："藐姑射之山，有神人居焉……不食五穀。"《吕氏春秋·必己篇》："单豹好术，离俗弃尘，不食穀实。"《注》曰："不食穀实，行气道引也。"《史记·留侯世家》："留侯性多病，即道引不食穀。"又"乃学辟穀，道引轻身。"《新语·慎微篇》："绝五谷（穀）……求不死之道。"《列仙传》上《赤将子舆传》："不食五穀，而啖百草花。"都是避穀之例。

[33]《庄子·知北游篇》："人之生，气之聚也，聚则为生，散则为死。"《韩诗外传八》："然身何贵也？莫贵于气。人得气则生。失气则死。"《抱朴子·至理篇》："夫人在气中，气在人中，自天地至于万物，无不须气以生者也。"

[34]《大戴礼记·易本命篇》："食气者神明而寿。"《御览》六六八引《五符经》："食气者常有少容。"《淮南子·墬形篇》："食气者神明而寿，食谷者知慧而夭。"食气与食穀

302

并举,《韩诗外传》五:"圣人养一性而御六(元误作大)气,持(元误作待)一命而节滋味。"御六气与节滋味并举,《素问·六节藏象论》:"天食人以五气,地食人以五味。"五气与五味并举,可见古人视气俨如一种粮食。《庄子·在宥篇》:"云将曰:'天气不和,地气郁结,六气不调,四时不节。今我愿合六气之精,以育群生。'"又"(黄帝曰)'吾欲取天地之精,以佐五穀,以养民人。'"天地之精亦谓天地之气。庄子之语与上揭各说可以互证。

[35]《庄子·逍遥游篇》:"御六气之辩。"《在宥篇》:"六气不调……今我愿合六气之精,以育群生。"《管子·戒篇》:"御正六气之变。"《远游》:"餐六气而饮沆瀣兮。"《韩诗外传》五:"圣人养一性而御六气。"

[36]《文选·江赋》注及《御览》五一引并无黄字,义长。霞本训赤。字一作赮。《文选·蜀都赋》"舒丹气而为霞",刘《注》曰:"霞,赤云也。"《东京赋》"扫朝霞",薛《注》曰:"霞,日边赤气也。"《汉书·扬雄传·甘泉赋》"噏清云之流瑕兮",颜《注》曰:"瑕谓日旁赤气也。"瑕与霞通。

303

[37]《文选·琴赋》"餐沆瀣兮带朝霞",五臣《注》："沆瀣,清露。"

[38]二阴字《御览》引并作汉,疑汉为漢之形误(漢字见《广韵》《集韵》)。《说文》："英一曰黄英。"案《管子·禁藏篇》"毋夭英",尹注曰："英,草木之初生也。"今呼苗初生者曰秧,英秧一字,草木初生萌芽之色皆黄,故英有黄义。黄色谓之英,黄色的光亦谓之英。《九歌·云中君》"华采衣兮若英",《文选·月赋》"嗣若英于西冥",《注》曰："若英,若木之英也。"若木即西方之扶桑,今谓之晚霞,晚霞多黄,故曰若英。《汉书·扬雄传·甘泉赋》:"噏青云之流瑕(霞)兮,饮若木之露英。"朝见于东方而色赤者曰霞,暮见于西方而色黄者曰英,霞英皆日旁的光气,故扬雄以朝瑕与露英对举。(《蜀都赋》"江珠瑕英",盖亦谓珠光赤黄如日气。)沆露一声之转,沆漢当即露英,经以朝霞沆漢对举,正犹赋以流瑕露漢并称,惟经以光气为水气,故字变从水耳。王《注》引作陰者当读为《尔雅·释畜》"陰白杂毛骓"之阴,舍人《注》曰"今之泥骢也",郭《注》同,泥色黄,是陰有黄义。《尔雅》"黄白杂毛駓,

304

陰白杂毛骃，苍白杂毛骓"，相次为文，盖陰色黄中发黑，苍又黑于陰也。陰从今声，今声字多有黄义。《小雅·车攻》"赤芾金舄"，《笺》："金舄，黄朱色也。"《说文》："頷，面黄也。"《广雅·释器》："黰，黄也。"又《说文》："稔，谷熟也。"案谷黄则熟也。《水经·涔水注》："涔水即黄水也。"是陰亦可有黄义（《周书·王会篇》"坛上张赤帛陰羽"，疑陰亦谓黄色，赤帛陰羽对文。孔注："陰，鹤也。"肊说无据），陰渶皆训黄，故沦陰一作沦渶。

沦陰即日暮时的云霞，既如上说，而云本是水气，所以沦陰又名飞泉。《庄子·逍遥游篇》"御六气之辩"，李《注》曰："平旦为朝霞，日中为正阳，日入为飞泉，夜半为沆瀣，[并]天地玄黄为六气也。陵阳子明以日入为沦陰，李奇以为飞泉，名异而实同。盖泉霰声近，飞泉既飞霰（《说文》线古文作綫，《集韵》亦作鲜，而《玉篇》霰一作霏，是綫霰声近，即泉霰声近），雨雪杂下曰霰，字一作霰，《说文》："霰，小雨财零也"，二义相近，无妨通称。《韩诗·颊弁》薛君章句曰："霰，霓也。"（《文选·雪赋》注，《御览》一二引，又《宋书·符瑞志》引作英。）沦渶一曰飞泉，犹霚一曰霿，洪霚一字，泉霚亦一字矣。又《说文》霿重文作霠，《释天》"天霁为霄"（今本霄下有雪字，从《说文》删）。是霚又曰霄。然霄或以为即雲。《淮南子·原道篇》"乘云陵霄"，《后汉书·张衡传》注"霄，云也"。或以为即霞，《水经·洛水注》"长霄冒岭，层霞冠峰"，《汉书·扬雄传》注"霄，日旁气也"，《后汉书·仲长统传》注"霄，摩天赤气也"。是霚又为云为霞。沧溟本谓晚霞，而一曰飞泉，与霚为云霞，又为雪雨，其例正同。

[39]《庄子·刻意篇》："吹呴呼吸，吐故纳新，熊经鸟申，为寿而已矣，此导引之士，养形之人，彭祖寿考者之所好也。"《淮南子·精神篇》："若吹呴呼吸，吐故纳新，熊经鸟伸，凫浴蝯躩，鸱视虎顾，是养形之人也。"《泰族篇》："王乔、赤松，去尘埃之间，离群慝之纷，吸阴阳之和，食天地之精，呼而出故，吸而入新，蹀虚轻举，乘云游雾，可谓养性矣。"《齐俗篇》："今夫王乔、赤松子，吹呕呼吸，吐故纳新，遗形去智，抱素反真，以游玄眇，上通云天，今欲学其道，不得其养气处神，而放其一吐一吸，时诎时伸，其不能乘云升假亦明矣。"《汉书·王褒传》："何必偓

仰诎信若彭祖，呴嘘呼吸如侨、松，眇然绝世离俗哉？"《王吉传》："休则俛仰诎信以利形，进退步趋以实下，吸新吐故以练藏，专意积精以适神，于以养生，岂不长哉？大王诚留意如此，则心有尧、舜之志，体有乔、松之寿，美声广誉，登而上闻，则福禄其辏而社稷安矣。"

[40][41] 导引一曰步引，《汉书·艺文志》神仙家有《黄帝杂子步引》十二卷。《淮南子·天文篇》："吐气者施，含气者化，是故阳施阴化。"《大戴礼记·曾子天圆篇》略同。《论衡·自然篇》："夫人之施气也，非欲以生子，气施而子自生矣。"《韩诗外传》一："贤者不然，精气阗溢而后伤时[之]（从《说苑·辨物篇》补）不可过也，不见道端，乃陈情欲以歌道义。"《医心方》二八引《玉房秘诀》："求子之法，当蓄养精气，勿数施舍。"《抱朴子·对俗篇》引《仙经》曰："服丹守一，与天相毕，还精胎息，延寿无极。"又《释滞篇》"故行炁……其大要者，胎息而已。"

[42]《抱朴子·微旨篇》曰："九丹金液，最是仙主，然事大费重，不可卒办也。宝精爱炁，最其急也，并将服小药以延年命，学近术以辟邪恶，乃可渐阶精微矣。"《释

滞篇》曰："欲求神仙，唯当得其至要。至要者，在于宝精行悉，服一大药便足，亦不多用也。"以上皆房中行悉与服药并举，亦可见长生要诀，不外此三大端。